# 夢のひとしずく
# 能への思い

粟谷明生
Awaya Akio

ぺりかん社

# 夢のひとしずく　能への思い

# はじめに

「命には終りあり、能には果てあるべからず」

これは有名な世阿弥の言葉です。この言葉通り、それぞれの能楽師の人生は「終りあり」ですが、能は六百年以上の歴史を生き延び、今に伝わっており、まさに「果てあるべからず」です。

能は古臭い芸能で、現代社会にそぐわない世界遺産と思われる方がいらっしゃるかもしれませんが、さにあらず、能は現代が抱える悩み、今を生きる私たちの苦悩や喜びをテーマとして今に生きています。能は、観阿弥、世阿弥の時代のそのままではなく、つねに時代とともに変化し、時代とともに生き続けて来た優れものです。

能を生業とする能楽師の家に生まれて六十年。三歳で初舞台を踏んで以来、能楽師として歩んで参りました。能という長い歴史の中で、私の六十年は『歌占《うたうら》』に「須臾《しゅゆ》に生滅し刹那に離散す」と謡われるような、ほんの短い瞬間です。しかし、私なりに真摯に能と格闘した日々があったことは紛れもない事実です。これを基盤に能の魅力を伝えたいという気持ちが、自分の中にむくむくと沸き起っています。還暦を迎え、少し歩んできた道を振り返ることも必要ではないかとも思いました。拙文でまことにお恥ずかしい限りですが、ここに己の能楽史をまとめてみました。

第一部は子方時代から今日まで、私の能楽師人生をつづりました。ただ言われるままに多くの舞台を勤めた子方時代から、このまま能で生きていくのか悩み、逡巡した青年期、能の魅力に気づき、新たに志をもって取り組むようになった三十代以降などなど、正直に書きました。

第二部では、私が能をどのように勤め、どのような思いで取り組んできたか、神、男、女、狂、鬼の能の曲の分類にそってご紹介します。能は多様で、多彩な顔を持ち、楽しみ方も様々であることをお伝えできれば、この上ない喜びです。

喜多流・能楽師　栗谷　明生

夢のひとしずく　能への思い　目次

## 第二章　破――子方卒業後『道成寺』披きのころまで　41



## 第三章　急――三十代から還暦にいたるまで　78

## 第五章　鬼　249



## おわりに　284

# 第一部　わが能楽人生

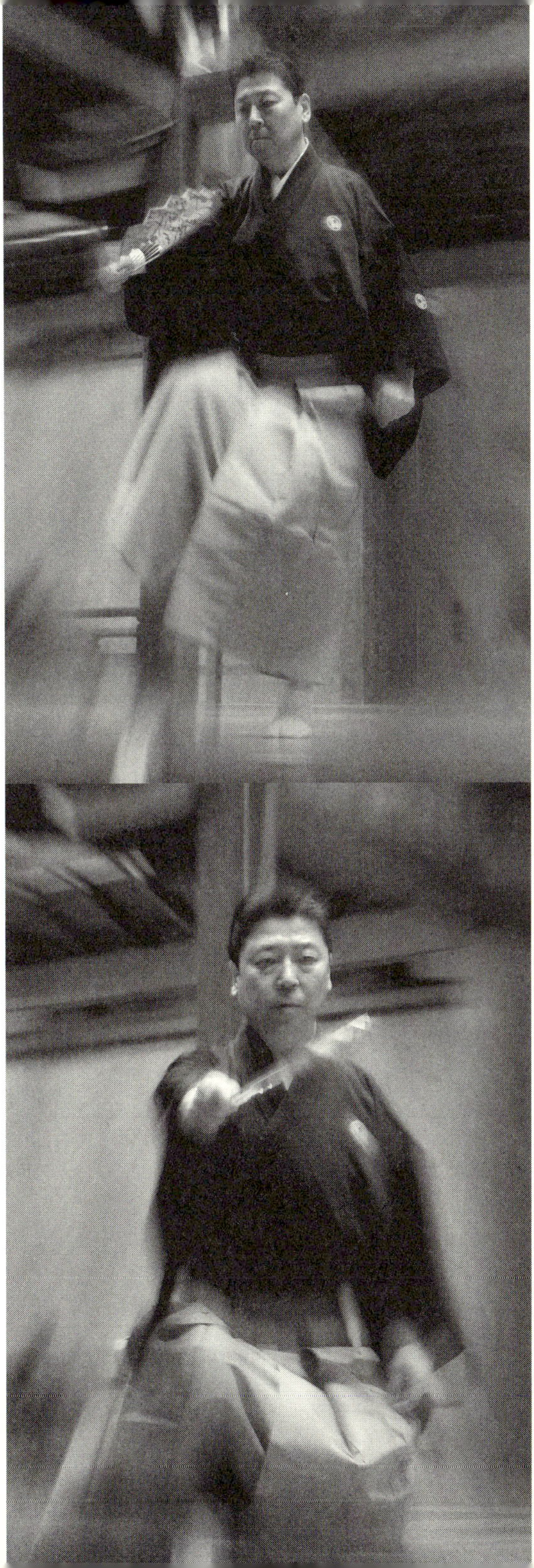

仕舞『融』
［撮影・森口ミツル］

仕舞『忠度』［撮影・青木信二］

「能は歌劇なんだ。オペラやミュージカルのようなものなんだよ」とは亡き父、粟谷《あわや》菊生《きくお》（喜多流能楽師・人間国宝）がよく言っていたことです。確かに能は歌（謡）あり、舞ありで、単なるセリフ劇とは違います。笛や小鼓、大鼓、太鼓も入り、音楽的に盛り上げてもくれます。面や装束も古くから伝わるものが多く美しいものです。

「装束が素敵で、そればかり見ていました」というご婦人、「あの摺り足、足の運びが面白かった」と話すダンサー、「囃子のリズムが魅力的」という音楽好き、「詞章が実にいいですね」という文学青年、「賑やかに舞い囃す場面は思わず引き込まれます」と興奮する若者、「人生の全てが織り込まれている」と淡々と語るご老人。ご覧になる方はどこに注目してくださってもい

仕舞『忠度』［撮影・青木信二］

いのです。それはまったく自由です。

舞台装置は、本舞台と橋掛りがあるばかりの最も簡素なつくりです。小道具や作り物など、演出の手助けとなるものも、その作りは至ってシンプルです。現代演劇の人が、もっともシュールで前衛的と評するほど、古いようで斬新、実はもっとも先に進んでいる芸能と見ることもできます。

その素朴ともいえる舞台に登場する役者はシテ（主役）、ワキ（脇役、シテの相手役）、ツレ（助演的な役）、子方（子役）、狂言方、オーケストラ役の囃子方、バックコーラスともいえる地謡陣、多くの人たちがかかわって、一曲（出し物）を創り上げています。能楽師の子供はその舞台で「子方」として人前に立ち、能楽人生が始まります。

# 第一章　序――初舞台から子方卒業まで

## 初舞台は『鞍馬天狗《くらまてんぐ》』の「花見」

喜多流の能楽師の子供たちは、能『鞍馬天狗』の花見役で初舞台を踏むことが多く、私も三歳で父の『鞍馬天狗』が初舞台でした。「花見」とは平家の稚児たちの役柄で、三～八歳ぐらいの子供達が配役されます。

能『鞍馬天狗』は鞍馬山の花見の席で山伏（実は鞍馬山の大天狗）と牛若丸が出会い、やがて大天狗は兵法を伝授し、牛若丸の平家討伐を励まし、守護しようと約束する話です。

鞍馬山には東谷と西谷の坊舎があり、西谷はいままさに花盛り。

「けふ見ずは悔しからまし花盛り、咲きも残らず、散りも始めず」

と、西谷から東谷へ、古歌をひいてのお誘いがありました。そこで、東谷の僧が、預かっている平家の稚児たちを花見の宴に連れ出します。舞台では橋掛りに、遮那王《しゃなおう》（義経の幼名、牛若丸：子方）を先頭にして、平家の稚児（花見）たちが登場します。この登場で舞台は一瞬のうちに華やかになり、春爛漫の舞台

『鞍馬天狗』花見の稽古。左から粟谷菊生、明生、佐藤喜雄、佐藤章雄、粟谷能夫［撮影・あびこ喜久三］

に花を添えてくれます。観客の皆様からも「まあ、かわいい」とほほえみが出て、暖かく明るい雰囲気に包まれます。一行が橋掛りから本舞台に動きはじめると、小さな花見たちは長袴を引きずりながら、前のお兄さんの真似をして後を追い、地謡座前に移動して座り花見の場となります。西谷の能力《のうりき》（アイ＝狂言方が勤める役）が稚児たちに舞を見せ楽しませているところへ、山伏（前シテ）が割り込んで来て、華やいだ雰囲気は一変し不穏な趣に。東谷の僧侶は争いを避けるために、平家の稚児たちを連れて東谷に戻ってしまいます。

このような設定ですから、「花見」の稚児が舞台にいるのはわずか十分程度、あっという間です。特に言葉を発するでもなく、謡や舞があるわけでもありません。舞台にお行儀よく出て、しばらくじっとして退場する、それだけです。それでも、子供たちはいつも着たことのない装束を身につけ、多くのお

初舞台『鞍馬天狗』花見当日。左から明生、佐藤喜雄、谷大作、粟谷能夫
［撮影・あびこ喜久三］

客様の視線を受け、舞台に上がる者の緊張感と晴れがましさを味わうのです。この「花見」の稚児役は能に最初に携わるメソッドとしてほどよいものです。

私の初舞台のときは、先輩たちが私の稽古時間に合わせて集まって下さり、一緒に稽古を受けてくれました。父・菊生が長袴姿の私に、「こうやって出て行き、ここに座り、こうやって帰る。そして大事なことは、絶対前の人の長袴を踏んではいけないよ」と言った言葉が鮮明に思い出されます。

また、シテ（前シテ：山伏、後シテ：大天狗）を勤める大人にとっても、晴れがましい一日となります。私の息子・尚生《たかお》が子方（牛若丸）を勤めたときは父・菊生がシテで、楽屋は「花見」役の小さい子供たちでにぎやかでした。父は珍しく、子供たちを集めて記念撮影をし、「楽屋が子供たちでうるさいぐらいでないと流儀は栄えない」と、上機嫌だったことを思い出します。

私が式能（平成二十三年）でシテを勤めたときも、喜多流と三役の子供たちがにぎやかに舞台に立って満開の花を咲かせてくれ、私も幸せな天狗を味わうことが出来ました。

## 数々の子方を経験して

私の演能記録を見ると、子方として、多くの舞台に出ていることがわかります。「花見」のあと、昭和三十六年一月、五歳の『草紙《そうし》洗小町《あらいこまち》』の子方から始まって、昭和四十三年四月、十二歳の『満仲《まんじゅう》』の子方（幸寿役）まで、実に百十九番勤めています。当時、喜多流には子供が少なかったので、父に言われるまま、あちこちの舞台に出ていました。平日は稽古、土日は舞台と、友だちと遊べないのはつまらなく寂しいと思う一方で、舞台が終わった後の褒美とお褒めのことばをいただけるのが結構気分よく、こうして当人の気づかぬうちに子方として多くの舞台に立つことになりました。今、それが得がたい経験、貴重な財産となっていると感謝しています。

子方でもっとも多く勤めたのが『船弁慶《ふなべんけい》』の義経役二十回、次に、『隅田川《すみだがわ》』の梅若丸役十五回です。どちらも人気曲で、圧倒的に多く勤めています。他には『邯鄲《かんたん》』や『望月《もちづき》』、『三井寺《みいでら》』や『富士太鼓《ふじたいこ》』、そして『鞍馬天狗』、『安宅《あたか》』などが上がってきます。

『鞍馬天狗』の花見役のように、ただ舞台に立つだけの役柄から、少しずつ謡が入り、舞（動き）が入り、シテやワキとの連吟があり、羯鼓《かっこ》（腹につける小さな鼓）を使った舞がありと、子方としての見せ場もグレードアップし増えていきます。しかし、いずれにしても、舞台でじっと座っている時間が多く、そこで

『雲雀山』子方［撮影・あびこ喜久三］

耐えることを学びます。「小さいのによくあんなにじっとしていられますね」などと感心される方がおられますが、子供ながらに、観客の視線を感じ、何とか動かず耐えて舞台人としての感覚を養っているのです。もちろん、決してやさしいものではありません。時にはこっくり、こっくりすることもあり、あまりの足の痛さに身体を動かしてしまうときもあります。

　子方で、いろいろ笑うに笑えないエピソードもあります。『国栖《くず》』という能では、子方は追手の難を逃れ、吉野山の国栖村の民家にかくまわれる浄見原天皇の役。追手がやってくると告げられると、シテとツレの老夫婦は子方（天皇）を舟の作り物に隠します。それは暗く狭い舟の中で窮屈な時間です。舟を開けたら子方が寝ていたとか、舞台に穴があるのを見つけ、指で穴をほじっていたら、指が抜けなくなって大騒ぎ、などということも聞きます。

『雲雀山《ひばりやま》』という能では、子方は中将姫の役。右大臣豊成は讒言《ざんげん》により、娘の中将姫を雲雀山の山中で殺せと命じますが、命ぜられた従者はついに殺すことができずに、乳母（前シテ）とともに中将姫をかくまいます。最後には、豊成と乳母、中将姫は再会し、めでたしめでたしとなりますが、その間、子方の中将姫は作り物の藁屋のなかに長時間座らされたままです。私はこの子方を三回勤めましたが、藁屋という、狭く、閉鎖された空間に、頭に鬘をつけ窮屈な唐織着流し姿でじっと座っていることは、まさにかごの中の小鳥の心境で、辛抱と我慢の世界です。

『鞍馬天狗』子方［撮影・あびこ喜久三］

## 『鞍馬天狗』にみる能役者としての成長

判官びいきという言葉があるように、薄幸の英雄、義経が登場する物語は歌舞伎でも映画でも、いつも人気を博します。能にも義経が登場する曲はさまざまありますが、不思議に、義経を子方が勤めることが多いのです。『鞍馬天狗』は義経の牛若丸時代を描くもので、牛若丸役を子方が勤めます。幼稚園児や小学校低学年の頃が適齢期で、みずみずしい姿は舞台の華やかさを増してくれます。

『鞍馬天狗』で「花見」たち（こちらも子

方）が退場すると、舞台には前シテの山伏と子方の牛若丸の二人が残ります。この場面転換の見事さ、能は無駄な物をすべてはぎとって、焦点を二人に集中させます。

「げにや花のもとの半日の客、月の前の一夜の友、それさえよしみはあるものを、あら痛はしや、近ふ寄りて花ご覧候へ」

と、花見の邪魔扱いにされた山伏に同情を示す牛若。この謡は高い調子でしっかり謡わなければなりません。そして、この思いがけない慰めに山伏と牛若の交流が始まります。山伏（実は大天狗）は牛若に対する恋心のような歌を詠みますが、当時、僧侶や武将の世界にあった、美少年に対する同性愛（男色）の趣きで、山伏・大天狗はやさしい言葉をかける美少年にすっかり心を奪われてしまうのです。

そして、山伏が「稚児たちはみんな帰ったのに、なぜここに居るのか」と問えば、

「稚児たちは平家一門、中でも平清盛の子どもたちで、賞玩され、時の花たる存在。それに引き換え自分は同山とはいえ、事情があって、月にも花にも捨てられた存在」

と牛若が答え、山伏と子方の問答が続き、牛若が源氏の御曹司であることが明かされます。お互いの孤独な境遇を哀れみ合い、山伏は牛若を慰めるために、鞍馬山の奥の山道を案内し、愛宕山、比良や横川、吉野初瀬の桜まで見せます。ついに、自分はこの鞍馬山に住む大天狗だと明かし、君に兵法を伝授しよう、そして、源氏の頭領となって平家を倒すべきだ、その時がきたら必ず加勢する、もしその気持ちがあるならまた明日会おうと言って、雲を踏んで飛び去ります。

後場は、子方の牛若（遮那王）が出立を替え、戦闘的なスタイルで颯爽と登場します。続いてシテも大

天狗の様相でどっしりと出、諸山の天狗たちを従えて、みなぎる力を見せ付けます。兵法を伝授し、おごれる平家を四海に追っ下し、敵を平らげよ、そのために力を貸そう、必ず守ってやるぞと約束して、鞍馬山へと飛翔し、消えていきます。

　このように、物語は鞍馬山の牛若修業伝説に天狗の豪快さを取り入れた、比較的単純な内容ですが、随所に聞かせどころや見せどころがあります。子方としては、孤独で哀切な牛若像や、強く凛々しい源氏の御曹司像も造形しなければならず、『鞍馬天狗』という戯曲を浮かび上がらせ、シテの大天狗とも拮抗する重要な役どころです。

『鞍馬天狗』白頭。後シテ［撮影・青木信二］

　とくに最後の場面、怖しい形相の大天狗のシテを相手に長刀《なぎなた》を振り回し対等に立ち回るところは子供心にもわくわくして嬉しく、ヒーローになった気分です。逃げる天狗を捕まえて引き戻し、天狗を懲らしめてやった、どうだ！　と言わんばかり。実際は兵法を教えてもらっている場面であるのに、成敗してやったと、はじめのころは勘違いしていました。

『鞍馬天狗』には子方用の小さい長刀を使

うことが決まりで、楽屋には小さなかわいい長刀が用意されます。それでも身長がまだまだ小さい子方にとっては、やれやれ大きな長刀を持たされるんだな、うまく扱わないと落としてしまうぞ、落としたら叱られるなあと緊張します。こうして長刀の扱い方を子供時代より体得していくのです。

牛若丸役の子方は、同じ子方でも「花見」の稚児たちのように、ただその場にいて退場するだけではない、しっかりと存在感のある役どころ。「花見」と比べ背丈も高く、一段とお兄さんになった、成長した子方の姿を見せつけることになります。自分自身にとっても、より歳下の小さな子供達を何人も見ながら、少し大人になった気分にさせてくれる曲でした。

やがて大人になり、シテの豪快な大天狗役を勤めます。全国の天狗を従えるほどの大天狗、それでいて、牛若にやさしく教えるちょっとひょうきんなところもある天狗像を、それまでの能楽師として培ったものを頼りに、身体全体で表現します。

『鞍馬天狗』は初舞台を踏む「花見」から、子方の牛若、年を経てシテの大天狗まで、長い能楽師人生の節目に触れる曲で、その折ごとに成長を確認させられます。代々、親から自分へ、そして我が子へと能が継承されていくことをもっともよく実感できる曲といえそうです。

## 『船弁慶』で敵将・知盛と戦う子方

『船弁慶』は兄頼朝と不和になり、西国落ちを決意する義経一行の物語で、前場は静御前（前シテ）との別れ、後場では海上に浮かび上がる平家の怨霊・平知盛（後シテ）との戦いを描き出します。

『船弁慶』子方［撮影・あびこ喜久三］

子方は義経役ですが、前場は退屈で仕方がありません。四カ所の謡を謡えばまずはひと安心、そのあとはただひたすら床几《しょうぎ》という椅子に腰掛けたまま、動かずにじっと我慢の時間です。特にゆっくりなスピードで囃される序之舞は　眠くなり、寝てはいけないと自分に言い聞かせるのですが、頭がくらくらして来て、正直逃げ出したくなる時もありました。

しかし、その鬱憤を晴らすように、後場には颯爽と立ち回る場面があります。前シテが中入りすると、アイが舟の作り物を持って来て、舞台の空気が変わります。子方を先頭にワキとワキツレが作り物をまたぎ、舟に乗り込むと、場面はたちまち海上、船出となります。ワキの「あら不思議や風が変はって候」の言葉で、晴天から一転掻き曇り嵐となって、平知盛の霊が登場します。それまで睡魔と闘っていた子方も戦闘場面となり、興奮して来ます。義経一行を海に沈めようとする平家の公達の総大将平知盛の霊が長刀を振りかざし義経に向かってくるのを威嚇し、かわし、太刀打ちする戦いの場面は子方にとって見せ場となり気分も高揚します。悪霊知盛が白波の中に消えて行くのを見届けると、幼い子供心にも達成感が湧いて来ます。終曲し太刀を鞘におさめ、何ていいことをしたのだろうとご満悦で幕入りしたものですが、ここで能役者の舞台での喜びを覚えさせられたように思えます。

とはいえ、昔、子方を勤めたとき、敵将・知盛は子供心に本当に怖い存在でした。だから逆に、大人になって、知盛を演じるとき、子方を怖れさせるほどの威厳のある長刀さばきをし、迫力ある演技をしなければいけないのです。そうでなければ子方に笑われてしまいます。ただ注意しなければならないのは、シテが長刀を振り上げ、義経に襲いかかるとき、上手くやらないと本当に子方の首をはねてしまいそうな危険な箇所があります。ここばかりは子方に怖い思いをさせてはいけません。昔、この場面で未熟なシテの長刀使いを見て、父が「うちの子を殺す気か」と怒鳴り、「こうやるんだ」と真剣に教えていたことを思い出します。『船弁慶』はシテはもちろん子方にとっても面白く遣り甲斐のある曲なのです。

子方のころ、楽屋でシテが付けていた面、「怪士《あやかし》」や「三日月」を見て、「こいつが僕のことをびっくりさせたのか。でもそのうち僕がこれをつけて……」と思ったものです。大人の迫力ある演技は子供にも強烈な印象と憧れをもたせるようで、大人はそのことを常に肝に銘じておくべきです。

## 散々にたたかれる『安宅』の子方

『安宅』は義経一行が奥州へ向かうときの安宅の関での話です。山伏と偽って関を突破しようとする義経

『安宅』子方。シテ清成廸［撮影・あびこ喜久三］

主従に対して、あやしい山伏は通さないとする関守・富樫（ワキ）との緊張したやり取りを描きます。

ここでも義経役は子方が勤めます。子方は義経と見破られないように、強力の姿に身をやつし、郎党の最後に従っています。義経主従ではないかと疑う富樫に、弁慶（シテ）が朗々と勧進帳を読み上げ、関を突破できるかに見えた矢先、「そこに居る強力は義経に似ている」と嫌疑をかけられてしまいます。そのとき弁慶がすかさず「わずかな笈を追うだけで足手まとい。憎いと思っていたが、今こそ思い知らせてやる」と義経を散々に打擲《ちょうちゃく》し、疑いを晴らそうとする緊迫した場面があります。ここの稽古は本番で着ける笠も着けず、型だけで済ませます。そのため、子方としては打擲といってもそれほどたたかれないだろうと軽い気持ちでいると、本番ではボコボコにたたかれるので驚いてしまいます。両手でしっかりと笠の紐を持っていないといけないと、その場で身体で覚えます。そのあとも「通れとこそ」と、義経にさっさと通れと金剛杖で突き放すシテの型が力強く、本当に突き飛ばされるような恐怖感を覚えるもので、これは素早く動かないとマズイなと、舞台の本番で学びます。最後は「とくとく立てや」とシテの合図があると、子方を先頭に、ツレ立衆が勢いよく猛スピードで本舞台から橋掛りを通過します。子方は先頭で幕に走り込みますが、後からついてくる大人の威勢を感じながら、能の緊張感を身体で覚えていくのです。

## 大人の義経がなぜ子方？

『鞍馬天狗』の牛若丸は義経の幼少期の名前なので、子方が勤めるのはごく自然です。牛若丸時代を描く能には、このほかに、京の五条大橋で弁慶を家来にする『橋弁慶《はしべんけい》』、熊坂長範を討つ『烏帽子折《えぼしおり》』などがあり、いずれも子方が勤め、颯爽とした牛若姿は人気です。

ところが、ここに上げた『船弁慶』や『安宅』はどちらも大人の義経を描くにもかかわらず、子方が勤めます。なぜなのでしょう。

『船弁慶』ではシテ（静御前や知盛）とワキの弁慶という拮抗する二人の大人がいる中に、もう一人、大人の義経という大きな存在を入れることは、舞台の焦点が散漫になるとの配慮が働き、曲名にもなっている「弁慶」とシテとの繋がりを優先したと思われます。義経を子方にすることで三点のバランスをとり、舞を舞って別れを惜しむ大人の静御前に少年の義経が相手をすることで生々しさをやわらげ、それも、かわいい少年であれば、余計哀れさが出る、そう作者は考えたのではないでしょうか。

『安宅』も、弁慶（シテ）と富樫（ワキ）の対決をくっきりと出すには、もう一人の重要人物は大人ではなく子方がふさわしいと考えたと思います。

歌舞伎をよくご覧になる方、初めて能をご覧になる方には、このような描き方は少々違和感があるかもしれませんが、能の世界にはまると、この方がより効果的と感じられるのではないでしょうか。これがお能マジックです。

そのようなわけで、『船弁慶』や『安宅』は子方とはいえ、シテやワキに次ぐ重要人物であり、能という物語を盛り上げる重要な役どころなので、子供ながらに心して舞台に臨むことになります。

ちなみに、大人が義経を演じるのは『八島《やしま》』と『正尊《しょうぞん》』、『摂待《せったい》』だけです。

## 『隅田川』の子方

親子の邂逅ものに子方が登場するのはごく自然です。『三井寺』や『百万』、『雲雀山』、『桜川』、『柏崎』などはそれで、母が子を求めての狂乱の様を見せた後、最後は子供とめぐり合い、めでたし、めでたしとなる曲がほとんどです。このような舞台では、愛らしい子供の登場は不可欠で、舞台をなごませ明るくさせてくれます。能は悲劇を多く扱いますが、このような終曲によって祝言性をもたせているといっていいでしょう。

『隅田川』も親子の邂逅ものですが、残念なことに、子供は死んでいる設定で、救いのない悲劇的な現実を描き出します。それでも幻となった子供（子方）が姿を見せ、母と子が追いつ追われつする姿は、多くの人の涙を誘うところです。

ここで子方を出すか出さぬかは、『申楽談義《さるがくだんぎ》』（世阿弥の芸談を次男元能が筆録したもの）のなかの、作者の元雅と父・世阿弥との論争が有名です。世阿弥は子はもう死んでいて亡霊なのだから、本意を生かし、出さないほうが面白いのではないかと忠告しますが、元雅は「出さなくては演じられない」と、子を出すことを強く主張します。最後に世阿弥は「して見てよきにつくべし。せずは善悪定めがたし」（そうだ、演じてみてよいほうを選べばいいね）と言っています。息子の主張をやんわり受け止める世阿弥の懐の深さが感じられ、このような対応は今の親子関係でも参考にできそうで、この論争、心に残ります。

この論争については、現代でも評論家や作家、能楽師の間にもいろいろな意見があり、実際舞台では子方を出す場合も出さない場合もあります。私は元雅のように子方を出したほうがよいと考えています。子を出さなければ、『隅田川』という作品に全く救いがなく、観客も演者もこの暗過ぎる気持ちをどのように処理していいか途方にくれてしまう、と思うのです。母（シテ）が鉦鼓《しょうご》（鐘の一種）をチーンチーンと打ち鳴らしながら「南無阿弥陀仏」と弔いの念仏を唱えているときに、子供のかわいい「南無阿弥陀仏」の謡い声が聞こえ、子供の幻が見える、そのことで、観客や演じる私の心に何かしらのやすらぎや安堵感をもたらせてくれます。そして昔こんなことがあった、と気持ちを落ち着かせてくれる、そういう演出になっているのです。そして何よりも、『隅田川』において、子方を出す場面こそが最高の見せ場であると私は思ってやみません。

私が子方のとき、「南無阿弥陀仏」と母（シテ）の念仏に唱和して謡い、作り物の塚から姿を見せると、必ず会場にざわめきが起こり、笑い声が聞えてきました。子供心にも、『隅田川』という曲の最後、悲劇の絶頂となる場面で、なぜ観客は笑うのか、特に学生鑑賞会での女学生の笑いは、いぶかしくもあり、不満でもありました。「なぜ、みんなは笑うの」と母に聞くと「あなたがかわいいからよ」と笑いながら答えてくれましたが、「笑う場面ではないよ!」と思いながら舞台を勤めていました。「笑う」のは行き過ぎとしても、暗い気持ちが救われ、ほっとする場面になっているのだと、今は思えるようになりました。

『望月』子方。鞨鼓を打ち舞う［撮影・不明］

## 鞨鼓を打ち舞う『望月』の子方

『望月』という能は、獅子舞をベースにした仇討ちの物語です。子方は望月秋長に殺された父の仇を討つべく登場する母子の子の役を演じます。シテは仇討ちを手助けする家臣の小沢友房。この曲は獅子舞が出ることからシテにとっても重い習いとなっていますが、子方にとっても重要な役どころです。とりわけ登場の場面での、橋掛りでツレ（母親）との連吟が課題です。子方の謡は子供の高音の声で体全体を使い大きな声でのびやかに謡うのが身上です。きれいなボーイソプラノが能楽堂に響き渡れば合格です。しかし大人との連吟となると相手があるので、どのくらいの高さで謡ったらよいかと悩みます。ここは大人のツレ役が位を保ちながら子方に合わせ上手に誘導しなくてはいけないところで、子方としては、何も躊躇することなく普段通り大きな高い声で押し通すのが心得、と遅まきながら最近ようやく分りました。

加えて『望月』では鞨鼓を打ちながらの舞があります。笛の音に合わせ撥《ばち》で鼓を打ちながら舞うのは難しい技です。それも私の子方時代は、笛方の先生が本当に吹いてくださるのは申合せの一回だけです。笛の部分は口で唱歌してもらう稽古でしたが、最近は録音されたデジタルデータを用いて、本番さながらの稽古ができるようになったのは恵まれています。子供たちにとって、昔のような、歌声と笛の音色が違い過ぎるという不安がなくなり喜ばしいことです。それにしても本物の鞨鼓は当日でなければ付けることができません。当日初めて、これが刀、これが鞨鼓と見せられ、こう持つ、こう打つと教えられ面食らった思い出ばかりで、初演のときのこれらの戸惑いは今でも忘れることができません。

最近の子供はチャンバラごっこをしないので、刀の抜き方、持ち方、例えば、左手は鞘《さや》を腰に付け、右手は鍔元《つばもと》ぎりぎりを持つ、などということは知りません。私は初演の戸惑いを息子にはさせまいと、稽古のときから鞨鼓と同じ大きさのものを腹に付けさせ、刀もおもちゃの刀を買ってきて、扱いの練習からさせました。大人の感覚でこんなことは教えなくても分かるだろうと思うことも、子供には戸惑うことが多々あります。できるだけ子方が演じやすいように配慮、準備するのが指導者の思いやりでもあり、心得でもあると心がけています。

そして『望月』の最大の見せ場は獅子舞です。子方のとき、この獅子舞を舞台の上でじっと見て、格好いいな、自分も将来やってみたいなと心を熱くしました。このように、子方と共演するときは、シテは子方に格好いいな、と憧れを持たせるような存在になっていなければならないのです。力量をつけてシテを勤めるという心意気は幼い子供に必ず伝わります。そこを大事にしたいと思っています。

**初シテ『猩々《しょうじょう》』**

やがて、子方と並行してシテ役がつくようになります。私の初シテは昭和三十八年十一月、八歳のときの『猩々』です。猩々というのは、海中に住み、酒を好み舞い戯れる妖精の設定で、赤い顔、赤い頭、赤い装束の赤尽くしで、海中より浮かび出て舞います。『猩々』は祝言の能で一日の最後に演じられます。

『猩々』初シテ［撮影・あびこ喜久三］

初シテというと特別な響きがありますが、今思い返すと、私は子方での舞台の延長として、ごく自然な流れで、特に気負いもプレッシャーもなく演れたように思います。

実は当日、『安宅』の子方を勤めた後での

『花月』シテ。アイ野村万作［撮影・あびこ喜久三］

初シテでした。この父のかなり強引なやり方はどうだろうか？　と今は考えてしまいますが、当の本人は、このようなものだと思って自然に演っていたので、もしかするとそこが父の狙いだったかもしれません。だとすると、しっかり乗せられたことになります。

当日、猩々の装束を着せられ、喜多《きた》実《みのる》先生に鏡の間の鏡の前で「明坊《あきぼう》、ここに座るんだよ」と言われたことは鮮明に覚えています。それまで、鏡の間の鏡の前に腰かけることは絶対許されませんでした。それがシテを演るとなるといきなり腰かけさせられて、偉くなったような気がしたものです。

そして、いざ出番、シテは揚幕が上がり、運び始めたら最後の留め拍子を踏むまでずっと休むことなく動き回る、これが新鮮でした。子方ならば要所要所に動き、型はあっても、大半は相手役としてじっと座り待ち続けることが多いのですが、終始舞い謡うのは初めての経験で、初シテとはこのようなものかと感じさせられました。

次のシテは九歳のときの『金札《きんさつ》』、そして十歳の『花月《かげつ》』と三年連続して勤め、少年期のシテはこの三曲で終わることになります。これは父が将来の私のために仕掛けてくれたものと、我が子を持つようになってようやく気がつきました。その時々に、可能な限り舞台に上げて能楽の道への抵抗感を無くしていく、中学生になるまでにしておく指導者の配慮なのかもしれません。

『花月』は『猩々』や『金札』に比べて型が多い曲ですが、不思議と覚えることに苦労した記憶はありません。少年期は頭が柔らかいのですぐに吸収して覚えられるのでしょう。少年期から十代半ばまで、丸暗記で覚えたことは一生忘れないので、「この時期に覚えさせてしまう」という教えに間違いないと思います。

## 初ツレは『土蜘蛛《つちぐも》』

初ツレは十歳のときの『土蜘蛛』の太刀持役、ついで十三歳のときの同じく『土蜘蛛』の胡蝶役です。この胡蝶役は数多く勤めています。

『土蜘蛛』については十五歳のときに、後に「粟谷能の会」となる粟谷兄弟能にてシテを勤めました。できるだけ若い人でやらせよう、と伯父や父が企画して、私がシテ（前シテ：僧、後シテ：土蜘蛛の精）で、源頼光役が従兄の粟谷能夫《あわやよしお》、ツレの胡蝶役が弟の知生《ともお》、ワキの独武者を同じ年の森常好《もりつねよし》氏、アイ狂言を野《の》村耕介《むらこうすけ》氏（故野村万之丞《のむらまんのじょう》氏）と、若い仲間で一曲に取り組むことができました。今でもとても印象に残っています。

『土蜘蛛』直面にて。シテツレ・胡蝶役［撮影・あびこ喜久三］

『土蜘蛛』は病床の源頼光に襲いかかる土蜘蛛の精のお話です。後場では土蜘蛛を退治に出かける独武者に対し、巣糸を繰り出し壮絶な戦いをしますが、ついに退治されてしまいます。鬼退治の場面は謡も盛り上がり、実際に蜘蛛の巣糸を投げて見せる場面はショー的な面白さもあって、子供たちにも無条件に喜んでもらえる、わかりやすい能です。

中高生など、学生能には人気曲で、もっと多くの子供たちに見て親しんでもらいたいのですが、『土蜘蛛』は演能までの舞台裏の仕込み作業に時間がかかる曲なので、なかなか上演しにくい現状があります。仕込みには塚の作り物を作る、塚に巣を巻きつける、大きな一畳台の運搬もありで、地方公演ではどうしても敬遠されがちです。投げる蜘蛛の巣糸は昔、楽屋関係者の手作りだったようですが、今は市販されていて、購入コストがかかることになりました。出演者も多く、シテのほかに、ツレが頼光、胡蝶、太刀持、ワキもツレを数名必要なのでいろいろ経費がかかり、頻繁には上演しにくいのが本音、舞台裏事情です。

そのような事情でも、演能のときには準備万端整えて本番に臨んでいます。ご覧になる方も、まずは投巣の場面などを充分に楽しんでいただいた上で、体制側から追い立てられ退治された者の悲哀、これを「鬼」という醜い形に造形し象徴的に描いた作者のねらい（第二部第五章参照）を知ってほしいと思います。

## 子方卒業は『満仲』

私の子方卒業は『満仲』でした。昭和四十三年四月、喜多別会でのこと、十二歳で中学一年生になったばかりのときでした。シテの仲光を第十五世宗家喜多実先生、ツレの満仲を父・菊生が勤め、私は仲光の子・幸寿役で、最後の子方となりました。

学問に身の入らない我が子・美女丸に腹を立て、手討ちにしようとする主君・多田満仲。家臣の仲光は主君を制しますが、ならば、誅せよと命じられてしまいます。主君の命とはいえ、主君の御子を殺すわけにはいかず悩む仲光に、実の子・幸寿が「父が主君に仕えるなら、自分は美女丸に仕えている。忠義というなら、我を身代わりに誅せよ。自分の首を討ち、美女御前といって満仲にさしだして」とけなげな言葉をかけます。子方の幸寿はこの言葉を、きびきびと語らなければいけません。

結局、仲光は逡巡しながらも幸寿を斬ってしまいます。ここまでが前半で、斬首の場面が最大の山場となります。この場面、実先生じきじきのお稽古で「斬られたら、すぐに横になり寝た格好をしなさい。で

『満仲』子方幸寿役（右に横たわるのが明生）。シテ喜多実
［撮影・あびこ喜久三］

も その時、頭は舞台に付けてはいけないよ！」と、このご注意は未だに鮮明に頭に残っています。死んだら首は落ちるから舞台につけたほうがいいのにと、子供心に、十二歳なりに思っていました。今だからわかるのですが、実先生は頭を舞台につけることで演技が生っぽくなることを嫌われたのです。頭を舞台につけないようにと体を硬直させ、動かないようにと我慢する子方の身体から発散される緊張感が能には大切で、舞台に横たわるという特殊な動作をも、能の美意識で表現しなくてはいけない、そこがねらいであったと確信しています。

我が子を斬首した仲光は、それを美女丸だと偽わって報告し、自ら暇《いとま》を申し出ます。そこへワキの恵心僧都が現れ、満仲にこの顚末を話し、仲光の苦しみを語り、美女丸への許しを請います。最初は腹を立てる満仲も哀れに思って許し、酒宴となります。仲光は悲しみの中で舞を舞い、やがて、恵心僧都は美女丸を連れて比叡山に戻り、仲光は二人を見送り、最後シオリ（涙をおさえる動作）留めとなります。

我が子を殺してまで守ろうとする忠義心。この感覚は、現在の我々にはなかなかわかりにくいものかもしれませんが、これに似た話は歌舞伎にもあり、また忠義物語といえば忠臣蔵がすぐに思い浮かぶほど、この手の話は昔から多くあって人気でした。人間の根本的な悲しみや苦痛、忠義心、責任の取り方など、現代社会にも充分通じ、観客の心に訴える力を備えています。

私が三十歳のとき、『満仲』の舞台で地謡に座り、不思議と涙が出て来て仕方がなかったことがありました。それはシテがわが子を斬る衝撃的な場面ではありません。舞台の終盤、橋掛りで

「この度のご不審なほざりならず、構えて学問おはしませと、お暇申して留まりけるが」

と、美女丸を見送るところです。自分の子が犠牲になっているのだから、お坊ちゃま、ちゃんと学問してくださいよ！　と、心の内で叫ぶ仲光の切ない胸の内がズーンと響いて、涙腺が緩んでしまいました。

この能はシテの仲光はもとより、ツレの満仲、ワキの恵心僧都も存在感ある役どころですが、幸寿役と美女丸役という、年齢の近い二人の子方に恵まれなければできない曲です。見守る大人は当日まで、二人の子方が体調を崩さないで元気でいてくれるか、と心配でたまらないものです。あの頃、私は声変わりで高い声が出ずに苦しんでいました。美女丸役の下村君はきれいで透き通るような美声で、子供心に何とも羨ましく、ねたましく思ったものです。声変わりともなれば、子方は卒業です。それから声が安定する数年間は舞台から遠ざかり、それでも舞や謡の勉強、楽屋働きを覚えたり、お囃子のお稽古も始まるのですが、何となく能から気持ちが離れてしまう時期、私もまた、そんな悩める時代に入って行きました。

## 善玉天狗VS悪玉天狗

能に天狗が登場する曲はいろいろあります。

天狗とは何者でしょう。一般的には、山伏や僧侶の姿をし、鼻高く羽団扇を持ち、山中を自由に飛行して、通力を有する架空の超人・怪人と思われています。

私は一時、過酷な修行をした山岳信仰の修験者が天狗と錯覚されたのではないかと思っていましたが、違うようです。天狗は仏教の輪廻思想を否定し、自らの意志で天狗道という魔界に住む者です。

この天狗、善玉と悪玉の二者があります。『鞍馬天狗』の僧正坊は仏教と融和しながらも、牛若丸に武術・兵法を教え、源氏再興に力を貸すと約束する善玉天狗です。もっとも平家方からすれば、善玉ではないかもしれませんが。それに対して『是界』、『大会』、『車僧』などの悪玉天狗は仏教に敵対する坊で、いずれも威勢はいいのですが、最後は仏力に負けて退散するユーモラスな天狗です。私は善玉と悪玉を面や装束だけではなく、身のこなし方でも区別したいと演じています。

『鞍馬天狗』の後場の謡に、家来として従えた天狗たちの名前が連呼されますが、宝生流の「天狗揃」の小書では実際に多くの天狗が舞台に登場し、それはそれは壮観です。

『鞍馬天狗』善玉天狗［撮影・青木信二］

『白是界』悪玉天狗［撮影・吉越研］

## 子方の勘違い

子方の謡の稽古は、先生の謡われた通りを意味もわからず鸚鵡返しに声を出すだけなので、しばしば意味を間違えて覚えてしまうことがあります。

たとえば、『船弁慶』で「この御船の陸地に着くべきようぞなき」というところ。「陸地」と書いて「ロクジ」と読みますが、これを「六時」と覚えていて、「大丈夫、今五時だから六時に着くよ」であるとか、また「いかに弁慶、静に酒を勧め候へ」を、僕が「静かに」と言ったのに、「弁慶はドタバタと荒々しく静御前に酒を勧めてダメじゃないか！」であると思ったり、「舟子ども」は舟を漕ぐ人たちを意味していたのに「舟子供」と覚えていて、どんな子供たちなのかなと想像したり。また『八島』でも、「今日の修羅の敵は誰そ、何、能登守教経とや」を「今日の修羅の、かたき、わたそ（渡そう）、なにの　とのかみ（何の殿守）」と思って発音していました。これらが全く違う意味だとわかるのは、恥かしながら大人になってからです。

子供の時代は謡を耳から覚えることが大事です。文字ではなく音を感覚的に身体にしみ込ませます。しかし、ある時期からは、謡本の文字を全く見せないのではなく、必要な場面では見せ読ませ、意味をわからせることが必要となってくるのではないか、と今は思っています。

## 小道具の扱いの修業

喜多流の小道具扱いの修業過程では、まず扇で舞う曲目から入り、次に扇以外の曲目の習得となります。扇以外に扱う道具としては、鞨鼓の撥、長刀、杖などがあり、それぞれ難しいものとされています。

まずは鞨鼓での撥扱いを『望月』(子方)、『花月』、『放下僧《ほうかぞう》』、『自然居士』などで習得します。次に『船弁慶』、『熊坂』、『巴』などで、長刀の使い方を覚えます。そして『烏頭』、『藤戸』などで使う「突く杖」、また、『是界』、『鞍馬天狗』、『山姥』などで「鹿背杖」というT字型の持ち手がついている大型の杖の扱い方を習います。それよりもう一段階上にある難しいのが、『蝉丸』、『景清』、『弱法師』など「盲目の杖」と呼ばれているものです。

こういう扇以外の物を扱うのはそれ相当の稽古が必要で、時間をかけて、繰り返しの稽古と経験で習得するしかないのです。

## 鏡の間

鏡の間は揚幕の内側にあり、演者が出を待つ場所です。名前の通り、大きな鏡が取り付けられており、装束をつけ終わったシテ方のシテのみが鏡の前で葛桶《かづらおけ》（椅子のようなもの、床几ともいう）に座れます。年配でキャリアの長い方でもツレ役では鏡の前に座ることはできません。例外は一つだけ。狂言方の大蔵流は、『翁』に風流がつく場合に限り、狂言方でも鏡の前で葛桶に座れます。

出を待つシテはここで気持ちを集中し舞台に備えますが、待ち方は人それぞれです。気持ちを鎮めて静かに座っている方、普段と変わらない方、そわそわと落ち着かない方。いつもよりずっと快活にお話しされることで、ご自身のテンションを上げられる方がいらっしゃるかと思えば、苛々された様子で近づき難くなる方もいらっしゃいます。

また、面《おもて》をつけるタイミングも人によって違い、早めにつけて精神統一される方、ぎりぎりまで面をつけず、周囲をハラハラさせる方といろいろです。しかし表向きはどうであれ、気持ちは本舞台に向かっているのです。

開演近くになると、お囃子方がシテの側に来られてご挨拶されます。意外に思われるかもしれませんが、シテが子供で、お囃子方が年配の方の場合でも、お囃子方からシテにご挨拶があります。お囃子方はご挨拶された後、舞台に出る前に鏡の間でお調べ（チューニングのようなもの）を始めます。

一曲が終わると、先に幕内《まくうち》に入った演者は鏡の間にて戻られるお囃子方を正座して待ち、シテはお相手をしてくださった方々、ツレ、ワキ、囃子方、後見、地謡の皆様全員に、お礼の挨拶をします。ここでようやく舞台の緊張が解けていきます。

# 第二章　破――子方卒業後『道成寺』披きのころまで

## 十番会という稽古会

子方を卒業したあとにはいろいろな難関が待っていました。謡の理論がわからない、声がうまく出せない、このままこれを職業とするのだろうか。このころが、さまざまな問題にぶつかり悩んだ時期です。

まず、何よりも謡本が読めないこと。子方時代は自分の役どころだけ覚えればすみました。先生が見本として謡ってくださり、鸚鵡返しで覚える稽古だったものが、中学生になると、いきなり謡本全曲をいつまでに覚えてくるように言われます。これには参りました。謡本を広げても、節付けの意味もわからず、謡本にまったく歯が立たない状況に、愕然としました。実は私、謡の節扱いについて正規に指導を受けたことはありません。子方時代からやっているのだから、当然わかるだろう、と父は思ったのでしょうか。「自分から尋ね、聞くものだ」と、後で耳にしましたが、それでいいのか、疑問が残ります。本来、声の出し方からはじまり、謡本の節扱いの説明、型付の読み方など、プロになるのですから、プロへの道の講習があってよさそうなものなのに、私はわからぬところを自分で聞きながら学ぶしかなかったのです。

そんな私の悩みとは関係なく、宗家・喜多実先生が若者に平等に稽古をつけてくださる十番会（非公開の稽古会）が毎月あり、先輩と一緒に、月に一番ずつ舞囃子を舞う機会が半強制的に与えられました。若手能楽師への指導は、いきなり能の稽古をするのではなく、まずは、仕舞や舞囃子を覚えて、地謡を謡い、長時間の正座をしながら能へと進むものでした。実先生は全員にそのときの力量や稽古過程を考慮されて曲を決めてくださいました。必ずしも稽古が全て楽しいというわけではありませんが、次は何を舞えるのだろうか、と曲名を言い渡されるのは楽しみでした。舞囃子の稽古は、まず舞働《まいばたらき》、カケリ（物狂いの状態をあらわす動作）、中之舞あたりから始まり、徐々に羯鼓、男舞、神舞、そして難しい神楽、楽へと進みます。十番会の当日は囃子方も来られるので、共に実践的な稽古となり、囃子方とのお付き合いも始まります。囃子との折り合いや位のとり方などを話し合い、情報交換の場ともなり、遂に先輩方は雀荘や居酒屋へ姿を消して行かれたのも見て来ました。

中学生になると囃子の稽古もさせられ、まず太鼓から始まります。最初は、撥の持ち方からきちんと教わり、短い曲の簡単な手組（鼓の演奏の最小単位）から覚えていきます。難しい「神楽」や「楽」を習得すると、より難しい「見計らい」という、その時々に合わせる、決まっていない寸法の打ち方を学ぶこととなります。最初は謡を覚えずに、いくつ打つと手組を変えてと、打つ数をカウントしていましたが、これではうまくいきません。謡を覚え、囃子の手組構成も知り、その時々のスピード感でうまく見計らうことが必要で、これが上手に打てるようになったら一人前です。囃子の稽古は、まずは拍子（リズム）を外さずに、次に囃子に乗りながら謡い囃すことを習得します。シテ方は舞台では小鼓や太鼓を扱うことはありませんが、これら囃子を知っておくことは、シテ方の演者としては必須です。「囃子方に迷惑を掛けずに、うまくお相手が出来る者こそが、上等のシテ方能楽師、とお囃子方から評価されるようになれ！」が父からの言葉でした。

## 十番会の初シテは琵琶の名手『経政《つねまさ》』

私が十番会に入っていたのは昭和四十年七月から五十二年五月まで、九歳から二十一歳までの実に十二年間です。十番会での初シテは『経政』で十七歳でした。

『経政』烏手［撮影・東條睦］

『経政』は所要時間四十五分ほどの小品です。そのため、少年の初シテや素人弟子の初能に選曲されたりします。しかし小品とはいいながら、詩情豊かで香り高い曲趣の中に適度な緩急があり、舞っていても楽しく面白い作品です。修羅能ですが戦闘場面はなく、わずかに修羅の苦患を表現するのみで、全体として琵琶の妙音に導かれながら、芸能魂をふるわすような趣向です。

演者は詩歌管絃に親しんでいた幼少の頃の楽しさ、優雅さ、そして修羅の苦患を恥らう

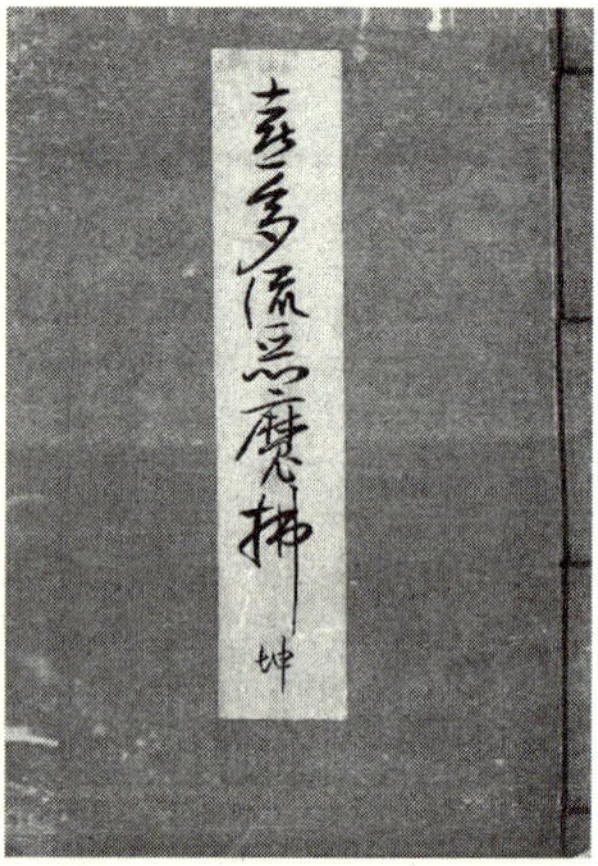

「悪魔払」の表紙

繊細さを、緩急をつけて表現し、さわやかな小品に仕上げなければなりません。十七歳の私の『経政』がどうであったかはわかりませんが、年齢相応で、さわやかな経政を、きびきびした動きで颯爽と演じられたら、まずは合格だと思います。『経政』の詞章のなかに「情声《こころ》に発す、声文《あや》を成す事も」という言葉があります。喜多流の謡に関する伝書に、九代目七太夫・古能・健忘斉が書いた「悪魔払」という伝書があり、そこに「情声に発す、声文に成す事」という一文があります。声に文があるように心がけて謡え、しかし、未熟者がいたずらに文をつけると、文が嫌みに聞えてよくないと書かれていて「文を成す」という短い言葉の中の奥深さはいつも私自身の課題となっています。

内向した中でどれほど外への訴えかけができるか、その具合と程度、声そのものの張り、位をどのようにするか、永遠の課題です。ただ謡らしき声を出し、節さえ正しく謡えばよい、に留まらず、真実味ある演劇として、訴えかけの強い謡を心がけたいと思っていますが、自分の謡のレベルアップで悩むとき、この言葉が脳裡をよぎります。

小品といわれる『経政』ですが、再演を重ね、掘り起こせば掘り起こすだけ、まだまだ深いところがあることを教えられます。

小品の良さを持ちながら、小品だからと侮れない深さを持つ能なので、現在、指導に当たっている大阪

『小鍛冶』青年喜多会での初シテ［撮影・あびこ喜久三］

大学や東北大学の能楽部の学生には挑戦してもらい、能の魅力を知ってもらおうと努めています。

### 青年喜多会で年一番の能

十番会と並行して青年喜多会での演能も始まりました。この会は、喜多流の大人が所属する「喜多会」に入る前に、若者が主催する有料公開能です。私が青年喜多会に入会していたのは、十六歳から三十二歳まで。会員は多いときで十人を超え、最初は四番立て番組で年四回催されていましたが、私が入る頃は人数が少なくなり、それでも、四番立てで年二回ありました。

私の青年喜多会のシテデビューは十七歳で『小鍛《こか》冶《じ》』でした。十番会の初シテ『経政』の半年ほど前で、前後しますが、年一番ずつ能を勤めることが出来ました。

二十代は十番会や青年喜多会のほかに、非公開の養成会、雑巾会など、いろいろな稽古会がありました。先代宗家・喜多実先生が若手能楽師にシテを勤める機会を多く作ってくださったこと、今でも感謝しています。とはいえ、十代は年一、二回、二十代前半でも年三回あればいいほうで、二十代後半からは、年五回ほどにもなりましたが、もっと舞えれば、と演能に飢えていた時期でもありました。

実先生は、青少年時代の稽古には厳格な一貫性を持って臨まれ、皆平等に平物《ひらもの》（位が軽いもの）から順次稽古してくださいました。脇能（初番目物・神能）なら『賀茂《かも》』から始まり、『高砂《たかさご》』はなかなか許されませんでした。二番目物（修羅物）ならば『経政』、『知章《ともあきら》』、『箙《えびら》』、『田村《たむら》』、『敦盛《あつもり》』でした。これらの選曲理由は前シテが少年や若者であるため、若いシテにとっては取り組みやすいからということでしょう。これらを経験すると『兼平《かねひら》』、『巴《ともえ》』、『八島』が許されました。

私の上の世代では、夏休みの一カ月に「千番仕舞」という特訓があったそうです。一カ月に千番の仕舞をこなすには、毎日舞って一日三十番ちょっとの計算になります。それを五、六人で分担するので、一人一日五、六番舞わなければなりません。毎日何を舞うかは前もって決められているわけではなく、同じ曲はできないので、自分が舞おうとしていた曲を誰かに先に舞われると大変だったといいます。実先生は、とにかく早いうちに、多くの曲を覚え、何でもできるように、が教育方針だったと思われます。

私も似たような経験があり、先輩が能の稽古を受けた後、実先生はその場にいる全員に仕舞の稽古をしてくださいました。稽古順は年上の人からなので、一番年下の私はいつも一番最後でした。先輩が受けた曲以外で稽古をつけていただくというのが暗黙の了解でした。若い頃はレパートリーが少ないので、自分のできる曲を先輩がやらないように、と祈ったものです。祈りが通じず、先輩が先に舞われてしまうと、仕方なく別の曲、うろ覚えの自信のない曲をしますが、案の定、間違えてしまいお叱りを受ける始末でした。その稽古で、お稽古されている他の人の仕舞の地謡を謡わなければならないのですが、「～をやります。よろしく……」ではなく、深々とお辞儀をしたあとに、いきなりシテ謡を謡い始めるというもので、未熟な中学生の私には何の曲が始まったのかもわからず、ようやく曲名が分かり謡本を広げたときには、もう終わっていた、という情けない時期がありました。そのような稽古でしたが、あの若い時期の脳細胞に謡や舞を叩き込む機会を与えていただいたこと、それが今、血肉になっています。

下世話な話になりますが、青年喜多会では、演者に切符の負担が割り当てられます。子方時代にはないことでした。シテはいくら、ツレはいくら、と負担金を先輩から言い渡され請求されるのです。同人組織が何かを知る最初でもありました。他にも三役の交渉、番組の印刷、出演料の計算、お弁当の用意などの雑用まで、先輩から教わり、能会の仕組みや経営まで、表舞台と楽屋裏の両側を学ぶ時でもありました。

青年喜多会は年上の方が、徐々に卒業され、昭和五十六年には私と中村邦生《なかむらくにお》さん、長島茂《ながしましげる》さんの三人となり、催しも年一回と寂しくなり六年続きました。私の演能は昭和五十八年に『紅葉狩《もみじがり》』、この年に結婚するのですが、五十九年に『半蔀《はじとみ》』、六十年に『枕慈童《まくらじどう》』、六十一年に『山姥《やまんば》』と続きました。『山姥』は若者には難しく、手に負えるものではありませんでしたが、それでもどうにか勤めることができ、後日、伯父・新太郎の代役を勤めることになったとき、よい経験をしておけたと思ったものです。六十二年に『湯谷《ゆや》』、そして六十三年の『東北《とうぼく》』の頃には後輩も増えてきたので青年喜多会を卒業となりました。今振

『小鍛冶』白頭披き。後シテ［撮影・宮地啓二］

り返ると、それ相応に恵まれた環境と時代を過ごせたと思います。ただ当時、私自身はそれを認識出来る力はなかったようです。

## 『小鍛冶』は節目の曲

伯父・粟谷《あわや》新太郎《しんたろう》と父・粟谷菊生で「粟谷兄弟能」を催し、叔父の辰三《たつぞう》や幸雄《ゆきお》にも演能の場を、と考えていたようですが、次第にそれぞれの息子達を同人として参加させ勉強させようとの親心でしょうか、昭和五十六年、名称を「粟谷兄弟能」から「粟谷能の会」と改めました。その記念すべき一回目に私は『小鍛冶』を勤めました。

『小鍛冶』は青年喜多会のデビューのときの曲であり、二回目がこの名称を変えて再スタートの「粟谷能の会」、三回目は秋篠宮様にもご覧いただいた母校の「学習院学生能」で、その後も多く勤め、今思えば、何かと節目のときに勤めている曲です。

『小鍛冶』は数ある名刀譚のひとつで、名刀工・三条宗近（ワキ）が、帝の霊夢によって剣《つるぎ》を打つよう命を受けたとき、稲荷明神（後シテ）が相槌（共に刀を打ってくれる名工）となって、見事にその任を果たす話

『小鍛治』白頭。後シテ［撮影・あびこ喜久三］

です。

青年喜多会デビューのときは、常の『小鍛治』でしたが、「粟谷能の会」では親たちの配慮で、小書《こがき》「白頭《はくとう》」を抜かせてもらいました。小書とは特別演出の意味で、常のものと少し演出が変わりグレードアップします。

「白頭」の演出は、後シテの頭《かしら》が白い毛になります。頭は毛の色が黒い黒頭、白い白頭、赤い赤頭の三色があり、白頭は毛が白ですから老いのイメージが強くなりますが、老人というよりは劫を経て超越したものを表し、重々しい演出になるのが一般的です。しかし、喜多流の『小鍛治』「白頭」はちょっと意味合いが違い、後シテは稲荷明神の化身、狐丸という狐の神なので、狐足という喜多流独特の足づかいをするのが特徴です。運びが摺り足ではなく、踵をできるだけ床につけず、腰を一定の位置に決め爪先だけで獣のような動きをします。まさに狐の動きを模したもので、非常に脚力が要求されるので、高齢者にはきつく若者向けの演出です。従って、喜多流の「白頭」は重厚さよりは狐の動物的な俊敏な動きを表現するものなのです。

私の能の稽古は、小学生になるまでは父に習い、その後は喜多実先生に師事し、実先生の代行として香《か》川靖嗣《がわせいじ》師にも教わっています。父に直接稽古してもらった曲は数曲ですが、その初めが『小鍛冶』でした。他は『巴』と『弱法師《よろぼおし》』、『籠太鼓《ろうたいこ》』、『実盛《さねもり》』しかありません。白頭の狐足の技は流儀内でもいろいろあるようですが、私の狐足は父直伝です。「軽やかにピョンピョン跳ね、まさに狐になったように」が父の教えです。

私も還暦を迎え、そろそろ白頭用の脚力が衰えてくる時期が近づいて来ています。『小鍛冶』「白頭」はあと一回ぐらい勤めてそろそろ封印と思っています。

また面については伝書に「白頭の時、面は野干《やかん》又は泥小飛出《でいことびで》」とありますが、「野干」では狐足の動きと不似合です。十四世宗家喜多六平太《きたろっぺいた》先生の『芸道読本』（高林吟二著）に面白い話があります。

「昔は小鍛冶の後（のち、後シテのこと）は、何時でも野干だったそうだがね。どうも野干では白頭の狐足がうまくいかねえやネ、それでどうしたもんかと野干を床の間に掛けて工夫していたんだが、つい、うとうとした処へ〝七太夫！　七太夫！〟と呼ぶ声がするのでハッと目が醒めた。そして床の間を見ると、確かに今まで野干を掛けていたのに、いつの間にか泥の小飛出になっているんだよ。ハハア！　是で解った、さては今のは小狐の御告げかというわけさ。それから後、流儀の小鍛冶の白頭が泥の小飛出であんな風になったという事だぜ」

これで、稲荷明神をより神格化したものとして演じるには、面は金泥小飛出、装束は清楚、純粋、高位を表す白装束、そして白頭が似つかわしいということになりました。

『小鍛冶』は短時間（約一時間）で終わる小品ですが、分かりやすい内容、激しい動きでの展開で、お能の魅力を身近に楽しんでいただけるものです。しかも喜多流独特の狐足の演出が、異流競演の時などには、栄えて得をします。

『葵上』シテツレ。ワキツレ森常好
［撮影・宮地啓二］

## シテツレ街道まっしぐら

『満仲』で子方を卒業し、その同じ年に『土蜘蛛』のシテツレ（以下ツレと表記）の胡蝶の役がつき、それからはずっとツレ街道まっしぐらとなりました。もちろん少しずつシテも勤めるようにはなっていたのですが、中学・高校・大学時代は何といってもツレ役が多い時代です。

『土蜘蛛』の胡蝶から始まって、『葵上《あおいのうえ》』、『八島』、『鬼界島《きかいがしま》』、『求塚《もとめづか》』のツレが多く、『清経《きよつね》』、『山姥』、『景清《かげきよ》』、『江口《えぐち》』などいろいろのツレを勤め、ずいぶん長い時間座らされました。シテは伯父・粟谷新太郎のことが多く、全部で四十番勤めています。『葵上』などは、ツレを三十番勤めましたが、そのうち十三番は伯父がシテでした。

子方同様、ツレもずっと座っているだけの時間が長く、しびれをこらえて忍耐です。当時、私は能について、やや横を向いている時期ではありましたが、度胸がなかったのか、舞台を投げ出したり、能楽堂に行かない、と拒絶したことはありませんでした。ただただ、つまらないなあ、と横を向いていたのです。そんな私を父はどうすることも出来なかったようです。正直、父の助言や行動で私の生き方が変わりました、とは言えません。親子とはそうしたもので、心配しながらも、お互いの歯車がかみ合わず、反発しあうものなのかもしれません。ただただ出番が多かったため、現場から逃れることができずに、いつも能の周辺にいさせられたことは確かです。

また伯父・新太郎からも、チクチクとお小言と注意がありましたが、不思議に耳に入っており、今それが大きな肥やしとなっていると感謝しています。最近『葵上』のシテを勤めた時、ツレ役の若者に「高く張って謡え！ 緩急付けろ！」と注意している自分が、実は伯父から言われたことそのまんま、なんら変わらぬことを注意していると気づき、おかしくなりました。

忘れられないのは、二十歳の時、喜多会で『砧《きぬた》』のツレがついたときです。シテの芦屋の何某の使いの者の夕霧役で、重要な役どころです。当時、私は山登りに夢中で、型（決められた動き）通りにすればどうにかなるだろうと、軽く考えていました。もちろん、まわりはハラハラしていたようです。申合せのとき、「これじゃ、『砧』にならない」とまわりからは呆れられていたようですが、シテの伯父・新太郎に「大声を出していいから、高い張った声を出してくれ、そうすると伯父ちゃんは助かるんだよ」と言われ本番を迎えます。伯父は大曲『砧』を明生とやるのか、やれやれと思っていたことでしょう。私は「言われた通りにすればいいんでしょ、それなりに言われたことはやる！」と思い、勤めましたが、舞台が終わった後に、父から「今日はともかく謝らなくて済んだ」と言われたのが強烈な印象として残っています。父や伯父をハラハラさせた不良時代が私にはあるのです。

『松風《まつかぜ》』のツレはシテ・松風と同じ男・在原行平を愛した妹・村雨の役で、シテと拮抗するほどの役どころです。このツレを指名されることは大変名誉なことです。シテとの厖大な連吟は難しく、しかも立ち居の心配り、ツレとしての立場をわきまえ、シテへの理解度が深くなくてはいけません。連吟は、ツレがシテに寄りかかるようなものでは、シテは疲労してストレスが溜り良くありません。かといって、自分の勝手な調子を押し通す謡ではツレ失格です。存在感を出しながらも出過ぎず、しっかりとシテを支える、これがツレの第一の心得です。このように判るには時間がかかりました。

最初の『松風』のツレ役は二十七歳でシテは父・菊生でした。お恥ずかしい話ですが、松を行平と思い近づこうとするシテを制する大事な場面で絶句し、大失態でした。楽屋に戻り父に謝りましたが、「ちゃんと、シッカリやって下さいよ」と冷ややかな言葉が楽屋中に響き渡り、周りの人がその場を引いていくのがわかりました。嫌な空気が立ちこめ、この空気を作ったのは不甲斐ない自分であることは充分承知し、責任を感じていました。

ただ一方で、父に対して息子をツレ役に抜擢するならそれなりのフォロー・指導があって然るべきだろ

『黒塚』披き。前シテ［撮影・あびこ喜久三］

う、二人で行う『松風』の稽古はなかったじゃないか、と心の底で吠えていたこともあったと暴露します。未熟な未経験者に稽古も指導もなく本番に期待するのは横暴だろう、粗相なくというなら、すでに完成し出来上がった人に依頼すべきではないかと、己の責任を感じながらも、父への腹立ちと嫌気が生まれたのも確かでした。自分の父だったからこその反発・甘えだったかもしれません。翌年には結婚するのに、もっと能楽師として成長していなければいけないはずなのに……。そんな体たらくだったのです。

しかしこんな私でしたが、転機がおとずれます。

## やる気にさせた『黒塚《くろづか》』

声変わりで悩んだ中学生の頃から、何となく能の世界に魅力を感じなくなり、このまま能楽師という職を一生の仕事にするのかと不安になりました。だれでも経験する青春期のメランコリーなのでしょう。私の場合、しっかり覚悟が出来るまで少々時間がかかり過ぎましたが、今振り返ると、能が嫌いになったのではなく、能の面白さがわからなかったから本気になれなかったのだと思います。

そんなだらけていた私を目覚めさせてくれたのが『黒塚』でした。昭和六十年三月の「粟谷能の会」のとき、あと半年余りで三十歳になろうというときです。公演の寸前に従兄の能夫から言われたひとことが、私の演能への意識を一変させてくれました。

「〝月もさし入る〟と、喜多流の型付では右上を見上げ、月を見る型でしょう。でも観世《かんぜ》寿夫《ひさお》さんは〝月もさし入る閨の内〟と、あばら家の床に差し込む月光をじっと見たんだよ」

月といえば上を見る、型付通りにするものだと思っていた私には衝撃でした。詞章の深い読み込みでいろいろな演出が出来ることを知ると途端に気持ちが明るくなり、やる気がふつふつと湧いてきました。演じることに規制が効き過ぎ、自由のない能の世界、そう思っていたものが、意外に自由な演劇だと気づいたのです。能は完成された演劇で、決まりごとを粗相なく伝承していれば無難にこなせる、余計な創造性は無用と、知らぬうちに思い込んでいた自分を大きく揺るがすものでした。流儀内の決められたもの以外に、いろいろな解釈と表現が

『黒塚』後シテ［撮影・あびこ喜久三］

ある、これは何て面白いのだろうと、心が震えました。

また『黒塚』の面と装束を決める時、能夫は、自分自身で選んだらいい、自分の好みと責任で、面と装束をコーディネートしたらいい、と言ってくれました。今、当時の写真を見ると、装束の色彩のバランスは悪く、お恥ずかしい限りですが、選んだものの良し悪しより、自分で選び見立てる作業の大事さを教えてくれました。あのとき、これじゃおかしい、似合わないからこうしたらいいと言われ、人のいいなりになっていたら、あのよろしくない組み合わせの装束を着ずにすんだかもしれませんが、いつまでも己の勤める曲に似合う装束を選ぶ作業には目覚めなかったことでしょう。そして、面装束を選ぶ作業を通して、粟谷家にはいくつもの面や装束があり、自分はそれらを自由に選べる恵まれた環境にいることや、それを集めた祖父や伯父たちの苦労も身にしみてわかるようになりました。

能は約束された型で動き、謡の調子やノリなども指定されています。面、装束もそうです。が、一見がんじがらめの規制された身動きできない戯曲のようでありながら、実は、演目を様々に解釈できる余裕、遊び、自由さも備えています。懐が深く、演出の幅があるからこそ、六百年を越える長い歴史を伝え、現在まで継続させてこられたのでしょう。演者は心技体の伝承と同時に、演じるという意識を常に持ちながら、能の「あそび」の部分、余白の演出を追求すべきだと思います。シテは演者であると同時に演出家でもあります。能を一生の仕事として面白く取り組んでいける、まさに生業《なりわい》、いや一生かけても終わりがない、奥の深い世界と、心底思うようになりました。

今もあの時が私の真の演能の始まりだと思っています。この能に込められたものは何か、どう演出したらよいかを考える、それが能を伝承する者の務めであり、生きがいになることを知った最初でした。

## 『道成寺』までに必須の修業

能楽師の卵たちは、『道成寺』をひとつの区切りとし、それを目標として精進します。『道成寺』を抜くには、それまでに経験しておかなければならない修業過程があります。『紅葉狩』で「急之舞」、『黒塚』で「祈り」、『葵上』で『道成寺』と同じ扮装の坪折姿に慣れ、謡の勉強をするというものです。『道成寺』でポイントとなるのは、前シテの白拍子の舞「乱拍子」、その最終段階の急之舞と「鐘入り」、そして、後場は蛇体となった白拍子（後シテ：鬼女）と僧侶たちとの対決の「祈り」です。従って、「急之舞」と「祈り」を他の曲で経験しておくことは重要です。

しかし最近は『道成寺』の後に『葵上』を抜くケースも多くなってきました。かくいう私もその一人ですが、それは、『葵上』の謡

『猩々乱』抜き［撮影・あびこ喜久三］

がとても難しいことが一つの理由です。単なる節扱いだけではなく、『葵上』という曲をいかに謡えるかが重要になるので、『道成寺』を勤めた者の次なるテーマと考えたほうが良いようにも、最近は思えるようになりました。

そしてこれらの他に、『猩々乱《しょうじょうみだれ》』を披いておくことが前提となっています。私の初シテは『猩々』でした。『猩々乱』はその中之舞が「乱」という特別な舞に代わり、小書のような趣ですが、喜多流では小書とせず、『猩々乱』と曲名にしています。「乱」の足取りは酔っ払いのそれで、喜多流ではとくに異常なくらい腰を落とし、きつい姿勢で曲の殆どを過ごさなければなりません。妖精というよりは猩々という名の獣を見せる感じで、途中片足で立つ、決めのポーズがあるのですが、バランスを崩すと足を降ろしそうになるきつい舞です。いかに日頃鍛えているか、強い足腰が出来ているかを判断される、難しい型や舞の技術的集大成という位置づけです。だからこそ、この延長上に『道成寺』があるということでしょう。

私が『猩々乱』を披いたのは二十七歳のとき。当時私は、能の単なる技術至上主義に反発するようなところがありました。体力と運動神経には自信があり私なりに「乱」に取り組んでいたのですが、舞に入る前の「蘆の葉の笛を吹き」と、片足上げたまま笛を吹く格好でバランスを崩して足を早く下ろしてしまいました。心の痛手を負う瞬間であり、一番となりました。ただ、その苦い経験は『道成寺』を披くときにはこうではいけないと、反省材料になりました。

急之舞については、青年喜多会で『紅葉狩』(二十八歳)を披き体験しました。「急之舞」は、最初ゆっくりの速度の序之舞から途中急転換して速くなります。この速い舞で、『紅葉狩』では美しい上臈が恐ろし

『道成寺』披き。前シテ［撮影・あびこ喜久三］

い鬼の形相に替わり、『道成寺』でも同様に「鐘入り」の直前、白拍子が蛇体の鬼になることを暗示します。急之舞と呼ばれるこの舞が、能の舞では囃すスピードがもっとも速いとされ、喜多流では『道成寺』と『紅葉狩』、それに『絵馬』の小書「女体」がついたときの力神の舞にあります。

「祈り」という型は、『道成寺』のほかには『黒塚』、『葵上』にあります。稀曲『飛雲《ひうん》』にもあるようですが、流内で見た人はいません。『道成寺』では、ワキの昔語りの後、僧たち全員が鐘に向かい数珠を擦って祈ります。鐘が吊り上げられると、中から蛇体となった女が現れ、女は祈られ、もがき苦しみ、ついに日高川（幕）へと飛び込み終曲します。『黒塚』も本性を現した鬼女が祈り祈られ次第に弱り、夜あらしに紛れ消えていくという終わり方です。

二十九歳で『黒塚』を経験し、そこで能に真剣に向き合うようになり、何とか『道成寺』の披きに間に合ったわけです。

## 『道成寺』を披く

私の『道成寺』の披きは昭和六十一年三月の「粟谷能の会」でのこと。三十歳でした。私たちの世代は三十歳になるころ、宗家の実先生にお伺いを立て許可をいただき、日程が決まる仕組みになっていました。私の場合も、父・菊生が実先生に二年半ほど前に申請し許可をいただきました。私より十年以上先輩の方々は二十代で披かれる方も多かったのですが、その下の私たちの世代は披きがやや遅くなり、三十五、六歳ぐらいになっていました。

私の『道成寺』は指導者が代わるという節目のときでもありました。実先生が高齢になられてきたこともあり、友枝昭世《ともえだあきよ》師に指導を仰ぐことになったのです。父が昭世師に「うちの子は君に傾倒しているから、君が教えてくれないか」と頼んでくれました。友枝師の指導は実際に「こうやるんだ」と目の前で見せてくださるものでした。「こうする。でも、君のはこうなっている」と具体的にご自身の身体をつかって、理想的な動きと未熟な私の動きの両方を見せてくださり、それは衝撃的で、乱拍子などは最初からやり直しと一目瞭然で、徹底的に基本から教えていただきました。

『道成寺』という曲は、清姫と修行僧・安珍との悲恋物語が織り込まれた『道成寺《どうじょうじ》縁起《えんぎ》』がもとになっています。清姫の片思いに困った安珍が、清姫の怨念を恐れ道成寺に助けを求めると、寺の僧は安珍を鐘の中に隠します。追ってきた清姫は怒りのあまり大蛇となって日高川を渡り、道成寺にたどり着くと、怒りの炎で鐘を焼き、安珍を焼き殺してしまうという話です。

能『道成寺』はこの恐ろしい伝説を題材に、観世小次郎信光が劇化したものです。安珍を登場させず、清姫もまた名前を出さずに、白拍子として戯曲し、女の執念を描きました。

『道成寺』といえば「鐘」。「鐘が落ちる（金が落ちる）」とは楽屋言葉ですが、これは、この曲がいかに大掛かりな演出をし、経費が嵩むかを示しています。『道成寺』の抜きは、能楽師が一人前になるための節目の曲で、嵩む費用を親が負担し、一門の人たちの支えでやらせていただくものです。『道成寺』を披く時は、そのことに感謝し、一、二年かけて準備をします。それまでの舞台や稽古の総決算、ここまでやってきた成果をお客様にも仲間内にも観ていただくというものです。技術的・芸術的な観点で作品を評価したらまだまだ未熟、未完成でしょう。しかし、そこへ向けて情熱を傾けて取り組む姿勢、多少破天荒でもエネルギッシュに勤めようとする、そんな若さあふれる気持ちで突き進むことが第一です。まさに「若者の抜き『道成寺』ここにあり」というものを観ていただこう、ということだと思います。

「鐘」の作り物を大人が入れるほどの大きさに作り、舞台天井の板についている滑車に吊るします。観世流や宝生流では予め鐘を吊っておいて能が始まりますが、喜多流は能の進行の中で鐘が吊られます。ワキがアイに鐘を吊るように告げると、アイや狂言方の後見も手伝い、太い竹の棒を鐘に通し、「えいや〜、えいや〜」の掛け声にあわせて運び、そして吊り上げます。これらすべての作業が舞台上の演技として進行するのが喜多流下掛りの演出です。

白拍子が女人禁制の鐘供養の場に入ると、いよいよ、『道成寺』の見せ場の一つ「乱拍子」が始まります。

『道成寺』披き。後シテ［撮影・あびこ喜久三］

「乱拍子」は白拍子の舞を模した舞で、シテの白拍子と小鼓の掛け声や音色に合わせて片足を少しずつ動かして舞う特殊な舞です。単純な動作の連続ですが、小鼓に合わせて、姿勢を乱さずに綺麗に下半身だけで演じる舞は、持久力とバランス感覚、スムーズな身のこなしと、これらを保つ体力が必要です。

近年喜多流の「乱拍子」は小鼓方の幸流《こうりゅう》と合わせることが多くなり、私も「披き」では幸流の亀井《かめい》俊一《しゅんいち》師がお相手でした。息合わせの最初の稽古は亀井師と二人だけですが、下申合せでは、笛の一噌仙幸《いっそうひさゆき》師にも加わっていただき、稽古を重ねました。このような乱拍子だけの下申合せをすることはそれまでの喜多流にはなく、当時としては画期的なことでした。従兄の能夫がはじめて起こし、以後、私から踏襲され今に続いています。

「乱拍子」は道成寺の階段を蛇のように這い上がる気持ちとも言われますが、私は鐘への女の思いが、内に抑えよう抑えようとしながらも、どうしても外へ発散せずにはいられなくなり、つい爆発してしまう、そんな冷静と興奮の交錯なのだと、再演してから思うようになりました。

最後は「寺とは名付けたり」のシテ謡から大鼓も打ち出し、白拍子の心の内側で止めようとした思いが遂に爆発するかのように、とても速い舞「急之舞」になります。これを強靭な下半身で身体を乱すことなく俊敏な足さばきをしながら、しなやかな上半身との二重構造で、「女」をアピールするのが心得です。

そして「春の夕べを、来て見れば」「入相の鐘に花や散るらん」と、シテ謡と地謡が鐘入りに向けて謡い、舞台はクライマックス、興奮状態になります。シテは鐘を見込んで、烏帽子を払い、左手を上げて鐘の下に入り込み、足拍子を踏んで飛び上がります。その瞬間、鐘後見が鐘を落とし、シテの姿が包み込まれるように鐘の中に消えたら成功です。この曲の最大の見せ場ですが、何度もリハーサル出来ることではないので、その瞬間に全員で無事と成功を祈るのです。この鐘入り、実はシテよりも、いかにうまいタイミングで鐘を落とすか、鐘後見の力量が大きいのは意外に知られていません。

私は、乱拍子から急之舞、鐘入りまで、一連の流れをスムーズに出来るように、また後シテの唐織を脱ぐ動きなど粗相がないようにと、鐘は吊していませんが、面、装束をつけて友枝昭世師と能夫に観ていただきました。私より以前、喜多流ではこのようなことはせずにいきなり本番を迎えたようですが、他流ではこれは当たり前と知り、真似て取り入れました。「ちゃんとやる」、「そのためならば何でもやる！」の精神、その第一歩となりました。

さて、二日前に申合せ（リハーサル）となります。鐘を使い、何度も鐘後見と鐘入りを稽古するわけではありません。試し稽古がなく、申合せで一度だけタイミングを計ると、あとは本番で勝負となります。鐘後見は「シテよ、ちゃんと鐘の下まで来いよ」と祈る気持ち、シテは上手く鐘の下に行けるか、強いプレッシャーを感じて臨みます。抜きの時は、当日までそれは胃が痛くなるほどの恐怖です。

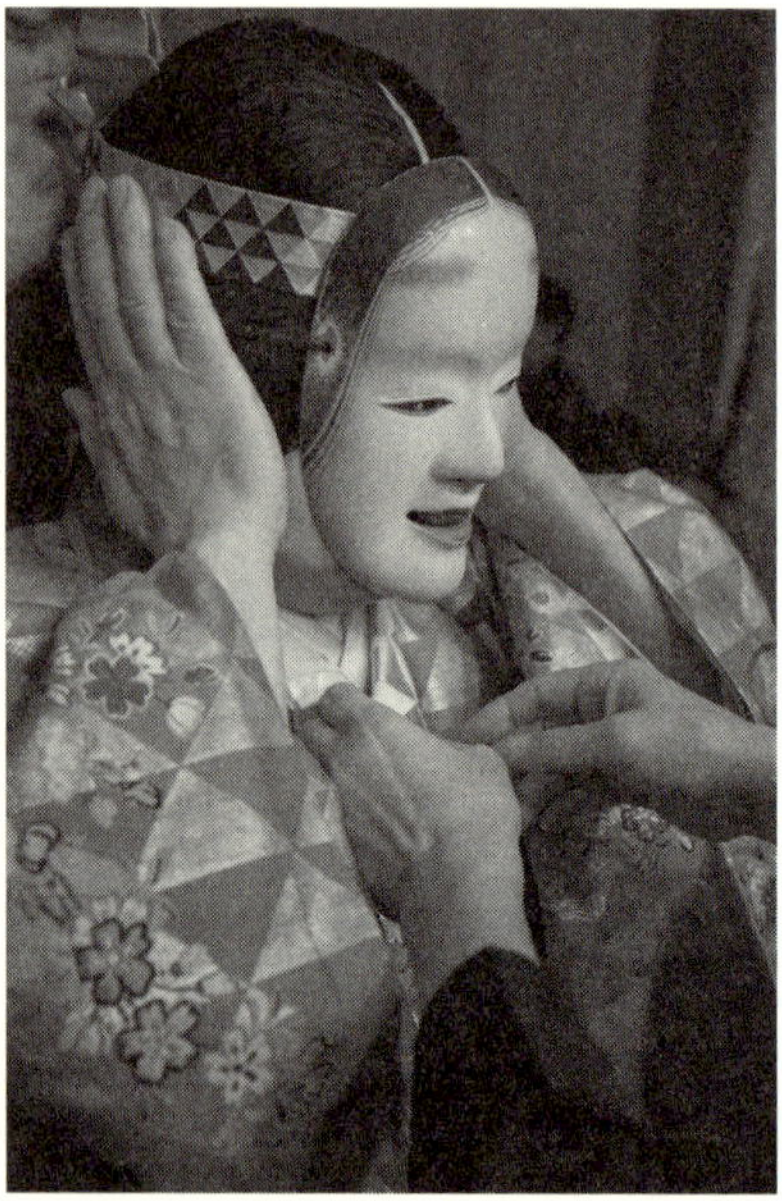
『道成寺』再演。前シテ。鏡の間にて
［撮影・青木信二］

本番は無我夢中。烏帽子を払い落とし鐘を見込むところまでは冷静でいましたが、後はあまりよく覚えていません。気がつくと鐘の中に蛙の仰向け状態のように落ちていました。そして、ハッとして思い出し、少し浮いている鐘を回して身の安全を知らせます。

舞台では鐘の落ちた不祥事を、二人のアイが、どちらが報告するかと、おもしろおかしいやり取りを繰り広げ、見所から笑い声も聞えてきます。アイがワキに、鐘が落ちたこと、白拍子を招き入れたことを告白すると、ワキの語り、道成寺縁起の内容の語りが聞かせどころとなります。シテはその間に狭い鐘の中で、一人で面を外して決められたところに入れ、唐織を脱ぎ、「般若」の面に替えます。この変身の手順は習《ならい》（決まり）があり、演者はそれを坦々と守りながら作業を進めます。これで不備のない変身ができるのです。

ワキの語りが終わるころには、「般若」の面をつけ終わり準備完了、正座して次を待ちます。後シテは鐘の中から「撞かねどこの鐘響き出で」に合わせて、妙鉢または胴鑼で、本当に鐘の音がしたように似せて鳴らし、「あれ見よ蛇体は、現れたり」と鐘が吊り上げられると、女は蛇体として姿を見せます。ワキは祈禱し、それを嫌う蛇となった女との葛藤は「祈り」という舞事で表現されます。『道成寺』の「祈り」

『道成寺』再演。前シテの出［撮影・青木信二］

はシテも囃子方も各所に秘儀が隠され、豪快さは他の二曲、『葵上』や『黒塚』とは比べ物になりません。シテは鐘入りまでに相当に力を使い果たしていますが、後場の祈りにはどろどろした粘りある力強い演技が必要なため、体力のペース配分も技の一つといえます。

このように、『道成寺』は随所に技を試される箇所があります。これらがしっかりできるか、まさに青年期の卒業試験であり、これからの能楽師人生を左右する入学試験として、これほどの曲はないでしょう。

披きの舞台に出て行くときに、新太郎伯父に「しっかりやれ」「ちゃんと戻ってこい」と言われたことは忘れることができません。若さの限界をかけて挑んだことだけは確かです。そして挑んだ分だけ手ごたえがあったことも感じています。

『道成寺』は費用が嵩むことから、父・菊生は「こう華々しい曲は宗家や一門の長なら別だが、分家や弟子家系統は生涯一度で充分」と言って、実際、抜きの一度きりで、その後演じることはありませんでした。私もそのように考えていましたが、六十歳を前にして、もう一度勤めておきたいと思い、平成二十六年三月の「粟谷能の会」で再演することとしました。五十八歳のことです。この舞台は運よくNHKの公開録画ともなり、緊張は否応無しに高まりました。「抜き」は一人前になるための登龍門の意味合いがありますが、やはり、「無事にお勤めおめでとうございます」の域を出ないものです。ですから、あれほどの大曲を、もう一度勤めて深めていくことは意義のあることだと心底思っています。抜きのときは、さまざまな技がしっかりできるかが問われますが、再演の『道成寺』では技術だけでなく、もう一段高みを目指し、蛇にならざるを得なかった女の執心や悲しみを表現できればと挑みました。肉体的にはきつい面はありますが、能楽師人生を重ねてきて、その成果をすべて注ぎ込む、そんな舞台にしたいと思いました。

『道成寺』は能の中でも特別な大曲です。三十名ほどの能楽師が舞台に上がる大掛かりな能です。再演して感じたことは、能は一人ではできない、ワキ方、囃子方の皆様、喜多流の同志の方々による地謡、後見、狂言方の皆様、裏方の楽屋働きの仲間まで、全員の力を結集しなければできないということでした。その結集されたエネルギーが舞台で発揮されるのです。

思い起こせば、『道成寺』の抜きの後の宴席で「能はシテ一人では成立しない演劇であることをしみじみ感じました。皆様のお力添えがあって『道成寺』を抜くことが出来たと実感しております。皆様どうもありがとうございました」とスピーチしたのですが、二十八年後の再演でも、同じ気持ちになりました。

他の能も一人ではできない、同じことなのですが、『道成寺』で改めて、しみじみとこのことをかみしめたのです。

## 『道成寺』のあと

『道成寺』を抜くことは、能楽師人生の一つの区切りです。そこまでの道のりも大事ですが、その後をどう過ごすかで、能楽師の道も分かれていきます。それまでは親や師、先輩に導かれていくものでしたが、そこからは自分自身がどう能に向き合い、どう能楽師人生を切り拓いていくかが問われます。

『野守』居留。後シテ［撮影・吉越研］

『道成寺』を終えると能が楽しくてたまらなくなり、自分で演能の機会を作ってみたくなりました。昭和六十二年に自ら発起人になって「妙花《みょうか》の会《かい》」を立ち上げました。少し上の先輩たちが「果水《かすい》会《かい》」を作り活動されている様子を見て、その下の年齢の仲間で同志を募ってみてはと考えたのです。ここで能の楽しさと同時に物事を立ち上げる喜びを味わいました。「妙花の会」ではまず『杜若《かきつばた》』を勤めました。若いこともあり、会を立ち上げていきなり本三番目ものを選曲するには抵抗がありましたが、せめて小面をかけて、幽玄の世界をそれなりに味わえる曲、と思っての選曲でした。その後も自分なりの思いでさまざまな曲に挑めるようになりました。この会はその後平成七年まで続きました。

一方、「粟谷能の会」でも毎年一番能を勤めるようになり、忘れられないのは、昭和六十二年『自然居《じねんこ》士《じ》』を勤めたときのことです。

『自然居士』は自然居士（シテ）が人商人（ワキ）から少年（子方）を取り返す話。いったん買い取った者は二度と返さないという人商人から少年を取り返すのは並大抵なことではありません。シテとワキとのぎりぎりの攻防があり、平坦な謡では成り立たないものです。相手がいて創り上げることの大切さを『道成寺』で学んでいました。乱拍子などは小鼓と呼吸を合わせなければできない、しかし呼吸が合えばそれは二倍にも三倍にも効果を上げます。『自然居士』は主に対話劇で相手と交渉する謡の力が重要です。『道成寺』以降、謡が課題であることも見えていました。ここを相手なく一人で稽古していても何か空虚です。そこで、ワキ・森常好さんに一緒に稽古してほしいとお願いしました。森さんとは同じ歳ということもあり、親しくさせていただいていたので、快く受けてくださいました。アイの野村耕介さん（故・野村万之丞さん）にも相談すると、野村さんの萬舞台できちんと稽古しようとなり、大鼓の佃良勝《つくだよしかつ》さんも参加してもらい、アシラヒ入りでの稽古となりました。「あとは地謡だね」と話していると、観世暁夫《かんぜあけお》さん（現観世《かんぜ》銕之《てつの》丞《じょう》さん）が「僕が謡うよ」と加わってくれました。異流の人たちや、ワキ方、狂言方、囃子方の、同世代の若い人たちが集合して、これまでにない珍しい稽古が実現し体験できたのです。

その後、『野守《のもり》』「居留」（昭和六十三年、粟谷能の会）でも、同じような試みができました。大鼓は前回同様、佃良勝さん、それに太鼓の故金春國和《こんぱるくにかず》さんが加わり、地謡は宝生流の武田孝史《たけだたかし》さんにお願いして、キリ（終りの部分）の緩急の付け方を、みんなで試行錯誤して稽古することができました。これは初の試みで、実に楽しく、貴重な時間をいただいたと思っています。

私たちの世代は少しシラケ世代とでもいうのでしょうか、この道で生きていくのか、迷いの中で本気になれない時代を過ごした者のいる世代です。こういうことを通して、能の面白さに目覚め、それぞれがそれぞれに面白さを見出して本気モードになって行った気がします。食べて飲んで話して、稽古して、よい思い出です。流儀を越えてよい仲間がいたことが、今でも私の財産になっています。

## 役者と歌舞を支える人たち

能の役者はシテ、ワキ、シテツレ、ワキツレ、子方、アイ（狂言方による）があり、それぞれが役柄にあった装束をつけて登場します。特にシテは面《おもて》をつけることが多く、曲の主人公を演じます。面をつけないときでも、直面《ひためん》といって、自身の顔を面に見立てて演じます。面をつけるのはシテと役柄によってシテツレと狂言方だけです。ほかに舞台には、後座に囃子方（笛、小鼓、大鼓、曲によっては太鼓も加わる）と後見、地謡座に地謡陣が並びます。これらの人たちは装束をつけず、紋付袴姿で、ときには裃をつけて、役者とは区別しています。オペラで舞台下に陣取るオーケストラのような存在で、能という歌舞で出来上がった演劇を創り上げ支える役割をします。そのため、最初に舞台に囃子方や地謡陣が並びますが、そのときはまだ能は始まっているとは言わず、笛が吹かれ、揚幕が上がって、役者が登場して初めて、能が始まったということになります。オペラでオーケストラボックスに奏者が入っても始まったとは言わないのと同じです。

## 天地人と左回り

能舞台は図のような本舞台と橋掛りなどで構成されています。橋掛りは能独特のもので、旅の道行

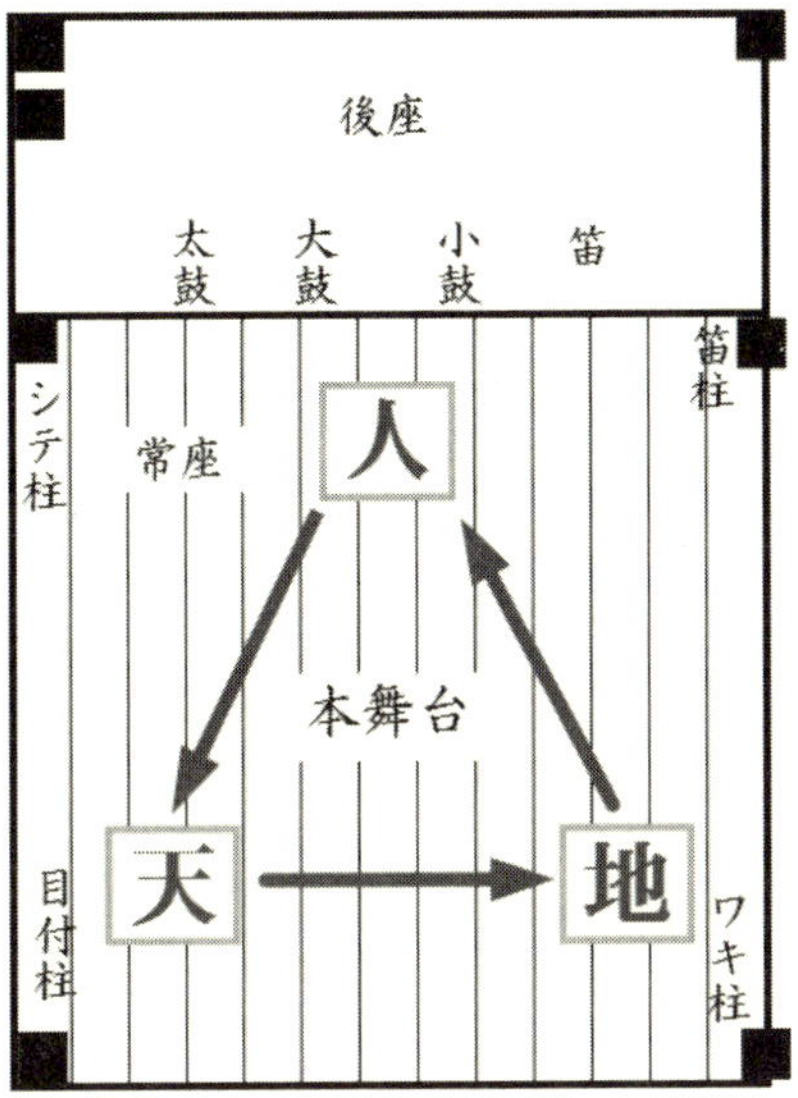
後座
太鼓
大鼓
小鼓
笛
笛柱
シテ柱
常座
人
本舞台
天
地
目付柱
ワキ柱

本舞台

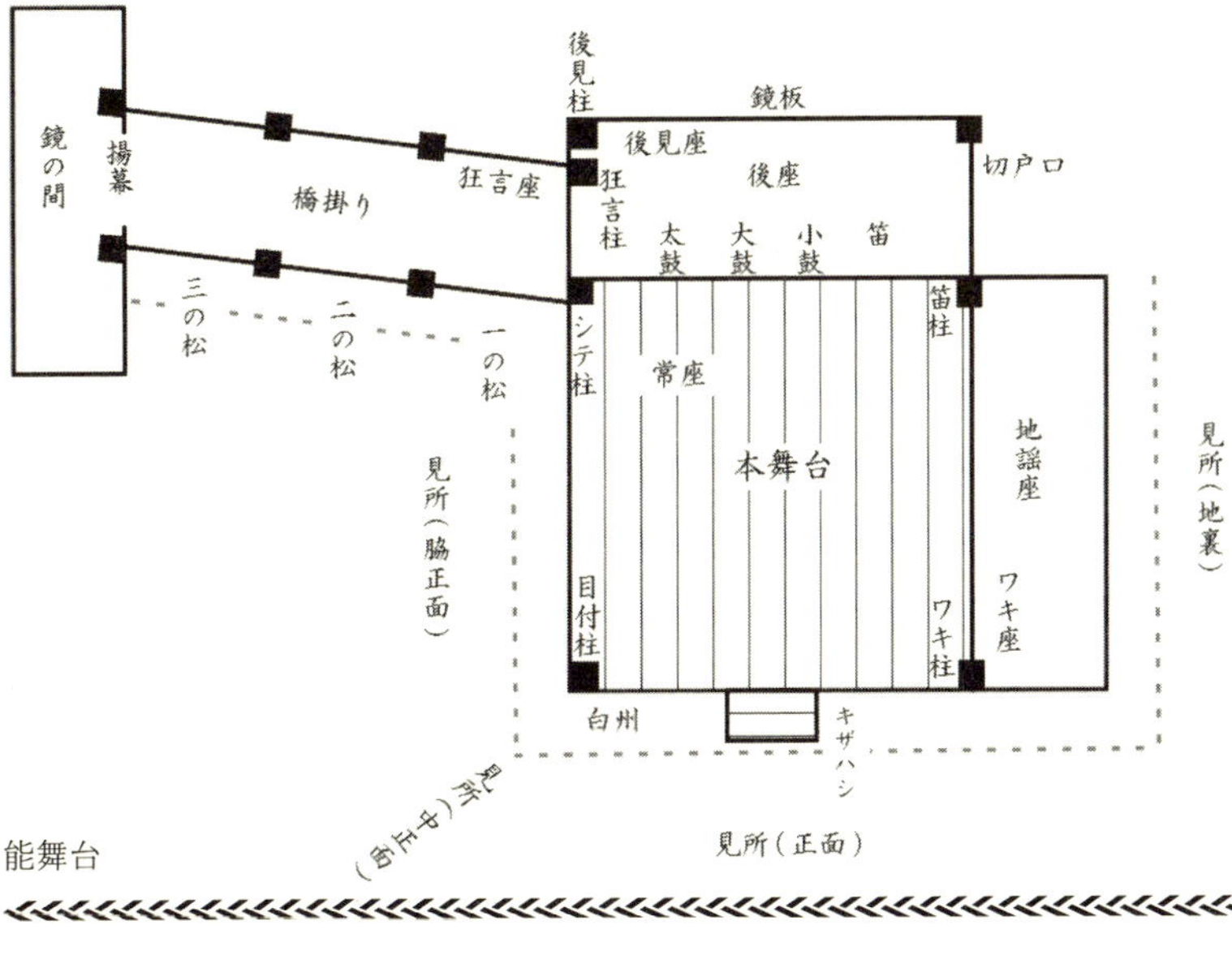
鏡の間
揚幕
橋掛り
後見柱
鏡板
後見座
狂言座
後座
切戸口
狂言柱
太鼓
大鼓
小鼓
笛
三の松
二の松
一の松
シテ柱
常座
笛柱
本舞台
地謡座
見所（脇正面）
見所（地裏）
目付柱
ワキ柱
ワキ座
白州
キザハシ
見所（中正面）
見所（正面）

能舞台

の場になったり、後シテが登場するときの異界とこの世を結ぶ橋ともなり、舞台演出上、効果的な仕掛けとなっています。

舞人は主に本舞台で、天・地・人を頭に描いて舞います。

本舞台の目付柱あたりを「天」、ワキ柱近くを「地」、大小前と呼ばれる小鼓座と大鼓座の間を「人」とし、舞人は舞のはじめに、まず「人」から「天」に行き、次に「地」へ移動し、「人」に戻るという左回りをして、三角形を描きます。

これは『翁』の「翁の舞」に基づいています。『翁』のシテは「天」「地」それぞれに拍子を踏み、その後、面を隠す型や左袖を巻く型をして、最後に「人」に戻り「人の拍子」を踏み舞い納めます。決して「地」から「天」へと逆回りすることはありません。

このように、能で回る型をするとき、演者は、まずは左回りから始めるという決まりがあります。演者によっては、利き足の関係もあって、右回り左回り、得意不得意があるようです。右回りになると、脇正面側に落ちる危険性が高いため嫌がる人が多いようです。私も右回りは苦手です。

## 面のウケ、

無表情な様子を「能面のような」と言われることがあります。小面など、微笑んでいるようで物思いに沈んでいるようでもあり、何を考えているかわからない不思議な表情からそのように言われるのでしょうか。あるいは面は木で造形されているため、生身の人間の顔のように表情筋が動くわけではないので「無表情」と言われるのかもしれません。しかし、一度能をご覧になった方なら、面は舞台上で、あまりに表情豊かに豹変して見えるので驚かれることでしょう。

能楽師はいつも曲や役に似合った面の選択を心がけ、「面のウケ」と言って、「角度」にこだわります。面をやや上にむけ（照らし）明るい表情にしたり、面をやや下げ（曇り）暗い表情にしたりします。常の構えの状態は上向きでもなく、俯きすぎにもならない中庸の位置にします。適度な中庸の位置が何ともいえぬ物言う表情になるので不思議です。

演者は自ら面の裏側に当て物という小さなクッションをつけて「ウケ」具合を調整し、一旦決めたらその角度を動かさないように一定にし、首を据えて舞台を勤めます。この「ウケ」具合はつける本人は見られないので、他の能楽師に見て判断してもらいます。私は正面から見て、口のラインで「ウケ」を決めています。「明生、ウケ見て」と言われたときは、責任を感じながらも、私の眼力が評価されてのことと思い嬉しいものです。

## 囃子方と床几

能の囃子方は笛、小鼓、大鼓、曲により太鼓が入ると四人になります。能では、笛と太鼓は正座していますが、小鼓と大鼓は床几に腰掛けます。

この床几にかける姿勢、正座よりは足がしびれないで楽と思われるかもしれませんが、そうではありません。長時間腰掛けて、背筋を伸ばし緊張感ある姿勢を保つことは、体力が要りきついものです。では、なぜ中の二人（小鼓と大鼓）だけが腰掛けるのでしょうか。

「あれはトーテムポールのようなもの」と囃子方の先生が教えてくださいました。

橋掛りは現在、正面の鏡板を見て左側にありますが、その昔には右側にも真後ろにもあったといいます。シテが真後ろから登場するときは、囃子方が下に座っていると、面をつけて視界が狭いシテは囃子方にぶつかる恐れがありました。そこで、シテが安心して本舞台に入れるように、小鼓と大鼓が目印の役目として床几に掛けました。いわゆるトーテムポールの役目です。

また、作り物の作業や物着（舞台上で着替え）などのとき、小鼓と大鼓の間を行き来しても囃子方から怒られませんが、笛と小鼓、大鼓と太鼓の間を通ると「そこを通るんじゃない！」と怒鳴られます。いま立派な能楽師の先生方も、昔、子供のころは、先輩たちに叱られながら成長しているのです。

## 作り物

能舞台で使う道具の一つに作り物があります。山、塚、宮、藁屋、井戸、舟、花見車など、実にさまざまな種類があります。能を初めてご覧になる方はその簡素な作りに驚かれるのではないでしょうか。

作り物の材料は竹です。昔、竹はどこでも簡単に調達できたため、地方での興行にも便利だったのでしょう。また、しっかりしている反面、炙るだけで曲がるなど、扱いやすいことも素材として選ばれた理由の一つだと思います。

作り物の基本的な製作方法は、竹で骨組みを作り、帽子《ぼうじ》といわれる白いさらしを巻くだけです。帽子はさらし布を十センチ幅に裂いたもので、それをしっかり巻き取って常備しておきます。竹の組み合わさった部分を帽子できっちりと巻き補強しながら、竹自体を巻き包み隠すように巻きつけます。

今でも京都では、作り物を製作する専門の方がいらっしゃると聞いていますが、京都以外は作り物の製作はほとんどシテ方の仕事になっており、修業中の内弟子や若い能楽師が担当しています。私も内弟子時代にはたくさん作らされました。最初のころはうまく作れず、苦心の結果、出来上がった塚が傾いていたり、緩んだ帽子が外観を損ねていたりで、叱られたこともありました。帽子が上手に巻かれた作り物は当たり前のように舞台に出てきますが、先輩から伝授された知恵や、何度も作る能楽師の経験に支えられているのです。

## 作り物：道成寺の鐘

「鐘」の作り物も他の作り物と同じように能楽師自身が作ります。若い能楽師が中心になり、未経験者を交え、作り方を伝授しながら本番二～三週間ぐらい前から作り始めます。

『道成寺』鐘作り。竜頭部分の製作
［撮影・粟谷明生］

『道成寺』鐘作り。下方の製作
［撮影・粟谷明生］

鐘の高さは竜頭《りゅうず》を除いて百六十センチ程度、重量は綱をつけると七十キロほどになります。鐘が大きいのは、シテがこの中で装束を着替えなければならないからです。

土台は丸い輪に藁を巻き、全体を竹で鳥かごのような形にします。中に面や装束を入れる場所や鏡などの仕掛けを作り、「鐘包み」（鐘を巻く緞子の布）という萌黄色の布で覆い、糸で縫い合わせます。流儀によって、鐘包みの色や竜頭の形状は違います。昔は作るのに三日間ほどかかったようですが、今は丸二日で完成させることができ、技術力が上がりました。

昔は縁起物として鐘の下方の周囲に五銭銅貨を入れることがあったようで、鐘を落としたときに銅貨の金属音が効果音にもなりました。舞台が終わるとその銅貨は作り物師への祝儀になったのだとか。それでやたらに銅貨を入れすぎて、鐘が重くなって、舞台に吊り上げるのが大変だったという話を聞いたことがあります。今はシテ方自身が作っているので、このようなことはありません。鐘作りも時代とともに変化しているのです。

## 早装束

前シテから後シテに変わるとき、装束や面もその曲趣に合わせて替えます。一般には中入りの後、狂言方の間語《あいがた》りがあるので、それを聞きながら着替える時間がありますが、この間語りがなく、短い時間であっという間に着替えて再登場しなければならない曲があります。これを早装束といって、『昭君《しょうくん》』や『源氏《げんじ》供養《くよう》』がその演出となります。

早装束のときは、事前に揚幕近くに装束を整え、予めできることはすべて用意しておきます。シテが中入りすると、着せられるほうも、付けるほうも呼吸を合わせ、無駄のない動きでテキパキと行います。テキパキとは最小限の人手で最大限の効果を出すことですが、ときには、足手まといになる人もあり、「手を出さないで！」などと罵声が飛ぶこともあります。観る側にとっては、歌舞伎の早変わりのように、あっと驚かされ、面白みが増す演出も、楽屋裏では、出に間に合わせるためにピリピリ緊張して作業しているのです。

# 第三章　急——三十代から還暦にいたるまで

## 研究公演発足のころ

能楽師として『道成寺』を披くまでが第一ステージとすると、その後は第二ステージ、いよいよ本領が発揮されるべきときを迎えます。それまでの基礎から積み上げてきたものを、どう発展、展開するか、まさに応用編に入るとき、『道成寺』のあと、三十五歳を過ぎたころから、そのように自覚しなければならないと思いました。謡を暗記し、型をなぞるだけでなく、曲の持つテーマやメッセージを理解し、何に焦点を当てて演じるべきか、そのようなことを意識し、自分の能を創り上げる作業が必要です。一つの曲として能と向き合うことで、改めて本当の能に出会えるように思えます。ただ、そのためにどうしたらよいかは、実は誰も教えてくれません。そこから先は自分自身で分け入っていくしかないのです。

私は従兄の粟谷能夫と二人で「粟谷能の会研究公演」を立ち上げました。平成三年、能夫が四十一歳、私が三十五歳のときです。それまでは、実先生や親から演能の曲を指示されて勤めてきましたが、自らの思いで自由に、意欲的に曲に挑んでみたい、と強く思うようになったからです。当時、「粟谷能の会」では父や新太郎伯父が元気に頑張っていたので、私たちに曲の選択の余地はありませんでした。自分たちの思いを形にしたい、もっと演能の機会をもちたいという欲がふつふつと湧いてきて、それがエネルギーともなりました。それに実は心配性の私は、「父や伯父がいなくなったとき我々は本当に力をつけているのだろうか」と危機感が募りました。青年期を過ぎてから「次の段階をどうしたらよいか」を考えての決断だったのです。

「研究」とつけたのは、曲（作品）の読み込みをし、研究的に能に取り組もうという意気込みの現われです。第一回目の公演の番組に「様々の試みを研究し、私たちのよりよい演能を！」とモットーを掲げました。難易度の高い曲を「抜き」という形で挑戦する、また一度勤めた曲を「小書」という特別演出で視点を変えて取り組む、あるいは、よく演じられる曲についても、能役者が自分の成長に合わせて掘り下げていく、そのような場にしたいと志しました。

『熊坂』前シテ［撮影・あびこ喜久三］

第一回目の研究公演（平成三年七月）は能夫が『三輪《みわ》』を小書「岩戸之舞」で、私は『熊坂《くまさか》』を勤めました。最初私は「『弱法師』をやりたい！」と意気込みましたが、「まあ、

『弱法師』［撮影・あびこ喜久三］

いきなり『弱法師』はなんだろう。もう少し後にして、まずは『熊坂』からはじめては？」と、能夫に諭され、私も、自ら立ち上げた会ならではの意識が働いたのか、身体が効くうちにやっておかなくてはいけないと納得し、俄然やる気が湧いてきました。今の自分に似合った遣り甲斐のある曲に挑むことの、嬉しさと充実感を味わう第一歩でした。三十五歳の『熊坂』は、若さ一杯に動き回り、飛び跳ね、盗賊熊坂の長刀扱いを学びましたが、今から思うと、動きの中に、幼い牛若に翻弄され、焦りもがく熊坂が演じられたかというと、やや心もとない気もします。能を演じるには体力がなくてはなりませんが、体力だけでも、これまた能にならないと、これを書きながら思います。

『熊坂』の前シテは直面《ひためん》です。研究公演は当初、銕仙会《てっせんかい》能楽研修所のお舞台を拝借して開催していました。『熊坂』を終えて事務局に挨拶に行くと、事務局長をされていた故荻原達子《おぎはらたつこ》氏から「あなたいい顔になったわね。あ、間違えないでね、美男子という意味じゃないから」と言われたことを思い出します。その時は自分にやる気が出て来たから、それが顔に現れたのかなと思っていましたが、今では「能役者には能役者の顔があるのよ。そういう顔になってきた」と仰っしゃりたかったのではと思え、自分を励ます忘れがたい言葉になっています。

第一回目に断念した『弱法師』は、翌年の研究公演で取り上げ、挑むことができました。難しい「盲目の杖」の扱いを、父・菊生から直伝で教わり、これも忘れられない舞台になりました。

## 『采女《うねめ》』の小書に取り組む

第八回の研究公演（平成九年十一月）で私が手がけたのは『采女』「佐々《さざ》浪之伝《なみのでん》」でした。およそ一年間かけて、自分なりに考え創り上げていった思い出の曲です。

采女とは、古代、天皇のおそばに仕える侍女をさし、地方第一級の豪族の娘たちが天皇への忠誠の証として遣わされたようです。最初のころは天皇の寵愛を受ける機会もあったようですが、世継ぎ争いなどもあり、天皇とは恋愛できないよう規制され、さらに時代が下ると、食膳係や裁縫係などに仕事が限定され、天皇とは遠い存在になってしまいました。

能『采女』が演じられた室町時代は、もはや天皇と恋愛できる時代ではなかったようですが、能ではあえて、采女の古きよき時代を想定して創作されています。前場で女（前シテ）が、帝の寵愛を受けた采女が帝の心変わりを嘆き、恨み、猿沢の池に入水したと采女の物語を語って聞かせます。後場は僧の読経に采女の霊（後シテ）が現れ喜びの舞を舞い、最後は重ねて回向を頼みながら池の中に姿を消してしまいます。

このように書くとシンプルなお話ですが、実は、前場は春日大社の縁起物語、後場も法華経の賛美、安

『采女』佐々浪之伝。前シテ［撮影・石田裕］

積山の故事、藤原家の治める御世の祝言など内容盛りだくさんで、演能時間は二時間近くになります。この長い演能時間や、やや冗漫な作風のためか、つい敬遠しがちになり、演能の機会も少ないものになっていました。私は、この美しくも悲しい采女の物語をもっと親しみやすい曲にし、盛んに演能されるものにできないか、「研究」と名のつく公演なのだから、研究的に取組み、伝統のなかにも新しさを求めてみたいと、小書を再考してみることにしました。

先代十五世喜多実宗家が晩年『采女』を再演されるとき、体力面で長時間の演能はきついと判断され、この主題満載の構成を短縮した小書を創案されました。最初「佐々浪之伝」とし、二回目以降「小波之《さざなみの》伝《でん》」としたのがそれです。小書作成には土岐《とき》善麿《ぜんまろ》氏がご相談役を引き受けられ、詞章部分には土岐氏の意見が反映されています。私はこの小書に着目し、全体の流れは壊さず、散漫さをぬぐうにはどうしたらよいか、『采女』という作品は何が一番言いたいのだろうかと考え、他流の『采女』も拝見して探ってみました。

そうしているうちに、家の伝書に「采女一日曠《は》れ也」という一文を見つけ、これがキーワードになると閃きました。采女は入水自殺をし、一旦は地獄道に堕ちますが、功徳により成仏でき、一日、水の世界からこの世に現れて、その喜びを舞います。この世に現れた一日は、采女にとってまさに晴れやかなときだったのです。その晴れやかさと極楽浄土に向かっていく美しい姿に焦点を絞った『采女』を観ていただきたいと思いました。そう考え詞章を読むと、前場で延々と藤原家が建立した春日明神の由来や春日野の春の美しさが謡われているのが気になりました。権勢をふるっていた藤原家への賛美は、今、采女の悲劇を謡うとき、どれだけ必要なのか。散漫の印象になったのはこの辺りだと考え、省いてみることにしました。詞章を削除するに当たり、アイ狂言をお願いした故野村万之丞さんに特別に替間《かえあい》をつくっていただき、物語の内容がスムーズにわかるように語っていただきました。

『采女』佐々浪之伝。後シテ［撮影・石田裕］

　装束についても、伝書に「采女の後シテの装束は萌黄または茶色大口袴を使用するが、帝に愛されたご褒美なのか一日だけいい想い（一日曠れ）をと、高位の序で緋の袴をつける習いがある」と書かれています。袴が萌黄や茶色では、もとより私のイメージに合いませ

『采女』小波之伝。前シテ［撮影・森口ミツル］

ん。先輩方は緋色の大口袴で演じられてきましたが、その根拠なるものが見当たらずにいました。そこへこの伝書です。「一日曠れ」の一言は、緋色の大口袴をつける根拠になり、また采女のイメージを創造する上での糧になりました。

実先生の「小波之伝」の序之舞は後半に長絹を脱ぎ捨てて、裳着胴《もぎどう》（下着姿）にて舞う演出でした。それは龍女になって解脱していく様を表しているのでしょうが、私は舞の中で物着（装束の着脱）をすることに抵抗がありました。采女にとって「曠れの日」なのです。舞っている間は、ただひたすら美しく、きれいであってほしい、一段も二段も高みに浄化されていく女性の姿をお見せしたいと思いました。そこで笛の松田弘之さんに、序之舞の導入の部分には「干の掛」（笛が干という手・高い音から吹き出す）を入れていただき、より舞の位を高くして、崇高美を強調しながらも、最後は橋掛りにて舞をとめ、「猿沢の池の面」と謡い、次第に池の中に戻るような型の動きで試みました。ただ龍女というイメージもどこかに引きずっていたかったので、長絹の下には細かい鱗模様の摺箔を着てみました。

面は、かわいい小面では采女の心情を表現できないのではないか。この世界に現れた一日は晴れやかに

『采女』小波之伝。後シテ［撮影・森口ミツル］

違いないが、入水した罪業の意識をどこかに引きずって、心の底にわだかまるわずかに苦渋を含んだ表情がほしい。家に代々伝わる古面は誇りで、その中からの選択も可能だったでしょうが、研究公演でもあり新潟の吉川《よしかわ》花意《かい》氏にお願いして打っていただき、あえて創作面で挑戦してみました。

新しい試みを入れた『采女』は、名称をあえて、実先生の創案当初の「佐々浪之伝」として演じました。能楽師は考え過ぎると碌なことはない、勝手なふるまいをするなと言われそうですが、伝書を読み、作品の読み込みを行い、他流の能も参考にしと、自分に試練を課してみて、学ぶことがありました。若いうちは師や先輩の言う通り、型通りで演じていればよいのでしょうが、ある年齢を過ぎたら、そこに留まらず、自ら能の本質を求めていかなければなりません。それらを通り過ぎた後に、何も考えずに無心に舞える境地になれる、それが理想ではないでしょうか。

その後、平成十五年「粟谷能の会」で『采女』「佐々浪之伝」を再考し、さらに平成二十年の大槻自主公演でもこの小書で勤めました。このときから、小書の名称を実先生の小書に合わせ「小波之伝」に改めています。小書も回数を重ねることで、よりよいものへと変化させるとよいのではないでしょうか。

研究公演を立ち上げたこと、『采女』で小書に取り組んだことで、私の能への取り組み方、方向性が見えてきた気がしました。その後もいろいろな曲で小書に挑戦し、演出の見直しにも力を入れていきました。

小書への挑戦について、いつもいつも奇抜なことをしなくともというご批判も聞こえてきそうですが、小書は作品の読み込みに一つのよい手段になることは確かです。例外もありますが、初演は小書なしで勤め、次に小書を付けて再挑戦する。それにより、なぜ小書にして演出を変える必要があったのかを考えるなかで、曲の主旨など新たに見えてくることがあります。たとえば、『安宅』なら普通の型でお抜きをして、それから「延年之舞《えんねんのまい》」という小書に挑むと、小書「延年之舞」とは何が目的なのか、さらに『安宅』という能は何を伝えたいのかと、より深く読み込めるようになります。その上で最終的には、小書なしでその作品の真髄を極めれば、それが最高位となるのでしょう。その積み重ねの重要性を感じています。

## 『砧』で演出の見直し

『采女』の小書挑戦のすぐ後に、父の代演で急遽『砧』を勤めることになりました。『砧』は大曲で、五十歳近くにならないと演じられないと思っていましたが、父の代演により、四十二歳という年齢で演能の機会をいただいたのです。演じるにあたり、父からもアドバイスを聞き、喜多流に伝わる伝書通りに臨んだのですが、演じながら、この演出方法では観ている人が分かりづらい、不親切過ぎるのではないかと思うことがありました。

まずは最初の場面です。喜多流の台本では夕霧という女（ツレ）が登場して、「芦屋の某（ワキ）の使いで奥様のいる芦屋に向かうところである、某殿は訴訟のことがあり三年あまり在京しているが、古里のことが心もとなく思われ、使いに行けというのでやって来た」と説明しますが、ワキ自身が登場するのは後場になってからです。これに対して、他の流儀では最初に芦屋の某と夕霧が登場し、事情を話し、この年の暮れには必ず帰るから、そのことをよく心得て伝えるようにと言う場面があります。私は喜多流の台本ではあまりにそっけなく、夫（芦屋の某）の心情が理解されないのではないか、その後の妻の恋慕の情の表現に繋がらないのではないかと感じました。夫は妻に愛情を持ちながらどうしても帰れないという苦渋に満ちた立場にあり、妻も夫を思い、恋慕しつつ帰りを待っているとい

『砧』前シテ［撮影・石田裕］

『砧』後シテ［撮影・石田裕］

う、お互いの愛情が底流にあることが感じられないといけないと思います。愛情があるからこそ、妻は夫に柔らかい着物を着せてあげたいと砧を打つのです。この曲名にもなっている砧、妻と夕霧が砧を打つ場面は「砧ノ段」ともいわれ、打つ音は「ほろほろ、はらはら」と柔らかく美しく、音楽的な響きを奏で、妻の心を描く重要なモチーフにもなっています。

次に気になったのは、夕霧が妻に、今年も殿は帰れないと伝える演出方法です。その言葉を聞いて、妻は夫の心はやはり変わり果ててしまったと絶望し、病の床に沈み空しくなります。それは、夕霧と共に砧を打ちながら、疑いと信頼の間を行きつ戻りつしていた妻の心を切り裂く重要な一言です。その言葉を伝える場面、喜多流の演出では砧ノ段の後に、ただ夕霧がその場で向きを直して、いきなり付け加えるように謡うもので、誤解を招きやすく、「この暮れには必ず帰ると言っていたのに……」という気持ちが伝わってきません。

そこで、翌年の研究公演で『砧』（シテ・能夫、ツレ・明生）を取り上げ、気になっていた演出の見直しを図りました。第一は前場の初めにワキを登場させ、名乗りとツレの夕霧へのことづてを入れること。第二は「砧ノ段」の後の演出です。従来は、砧ノ段が終わると間髪を入れず「いかに申し候。殿はこの年の暮れにも御下りあるまじく候」と夕霧の厳しい言葉が入りますが、「いかに申し候」に続いて「只今都より御使い下り」と一文を入れました。

よく喜多流愛好家の方で「『砧』は対夕霧の嫉妬・復讐劇ですね」と言われることがありますが、このように演出を見直していくと、単なる復讐劇ではない、ましてや夕霧に対する嫉妬劇でもないことが分かります。夫は使いを出し妻を思いやっていますが、残念ながら妻の思いと噛みあわず、このずれが妻の心の恋慕、怨恨、哀傷といった様々な心模様に錯綜していきます。その心の襞や屈折がこの作品の主題なのです。現在にも通じる人類の普遍の感情を描き出した集大成のように感じます。

そして五年後、私は「粟谷能の会」で『砧』のシテを勤めました。初演や研究公演の経験をふまえ、さらにこの曲の主題に迫りたいと考えました。再演し工夫を重ねることの大切さをここでも感じたのです。

作者・世阿弥は『申楽談義』で、『砧』について、「かやうの能の味はひは末の世に知る人あるまじ云々(このような能の味わいは、後の世には理解する人もいなくなってしまうだろう、そう思うとこの作品についてあれこれ書き残すのも気乗りがしない)」と嘆いていますが、この能の深い味わいを理解し表現するのは至難の技なのでしょう。そのためかどうか、演能記録は音阿弥の二度の演能を限りに絶えてしまいます。その後、戦国時代に詞章のよさから素謡専用曲となり、能としては江戸時代も中期になってようやく復活、という経緯をたどります。世阿弥は晩年、不遇の時を過ごしました。体制側にない芸能者のどうにもならない悲劇。

そこに耐え、あきらめながら、世阿弥はただひたすらよい作品の創造に執念を燃やし、仕上げた『砧』です。生意気ですが、「冷えた能」と世阿弥が自画自賛するのが、演じながら肌で感じられるような気がしました。「かやうの能の味はひ」とは何であったか、世阿弥のつぶやきが心に残ります。

## 地謡の充実

「能は謡が七割だよ」が父・菊生の口癖で、いつも謡の大切さを力説していました。シテ方能楽師はいつもシテを勤めたいと願っていますが、シテだけでは能は成立しない、ツレやワキなどの役者はもちろん、囃子方、狂言方の三役、そして後見、地謡陣の強力な支えが必要で、そうでなければ本当によい能は実現できないのです。シテ方の能楽師はシテやツレの良い役者を目指す一方、よい地謡を謡える人材になっていなければならない、そのように自覚する必要があります。しかし、言うは易く行うは難しで、日頃は目先の役作りに気を取られ、地謡は頼まれるから謡うというほどのモチベーションの低いものになりがちです。

そこで取り組んだのが、平成五年、第三回・研究公演「地謡の充実――『求塚』」でした。友枝昭世師にシテをお願いし、我々は地謡にまわり、地謡の充実を意識的に取り組んでみようと考えたのです。能夫が地頭を勤め私もその脇を固めました。「自分たちの主催する会でシテをしないなんて、何を考えているんだ」と父は不満爆発気味でした。確かに、一番でも多く舞いたいからこそ、苦労して自分たちの会を主催するのであって、その一番おいしいシテをやらずに地謡にまわるなどということは前代未聞のことでした。

　しかし敢えてそれをしたところに、私たちの志がありました。選曲した『求塚』は、一人の美しい女性に二人の男が求愛することで起こる悲劇を描いた名曲です。舞がなく謡で勝負する遣り甲斐がある曲であることから、「地謡の充実」というテーマにふさわしい曲、と選びました。

　我々の心意気は出演者の方々にも伝わり、シテの友枝師をはじめ、ワキの宝生閑《ほうしょうかん》師、囃子方の笛の一噌仙幸師、小鼓の北村治《きたむらおさむ》師、大鼓の柿原崇志《かきはらたかし》師、みなさま先輩ですばらしい方々が、私たちに力を貸してくださいました。北村師からは「死ぬ気で謡え」と励まされ、私たちも本当に死ぬ気で謡い、囃子方もそれに呼応するように懸命に囃してくださり、まさに能は全員で創り上げていくものだと実感出来ました。

第３回研究公演チラシ

　地謡を意識して取り組む経験が、その後の地謡はもちろん、自分がシテをするときにも活かされてくると感じます。位取り、乗り具合、音の高低と陰陽などが、ある程度自信を持って主張できる、能のドラマを支えているのはシテだけでなく地謡の底力なのだ、地謡は作品全体を包み

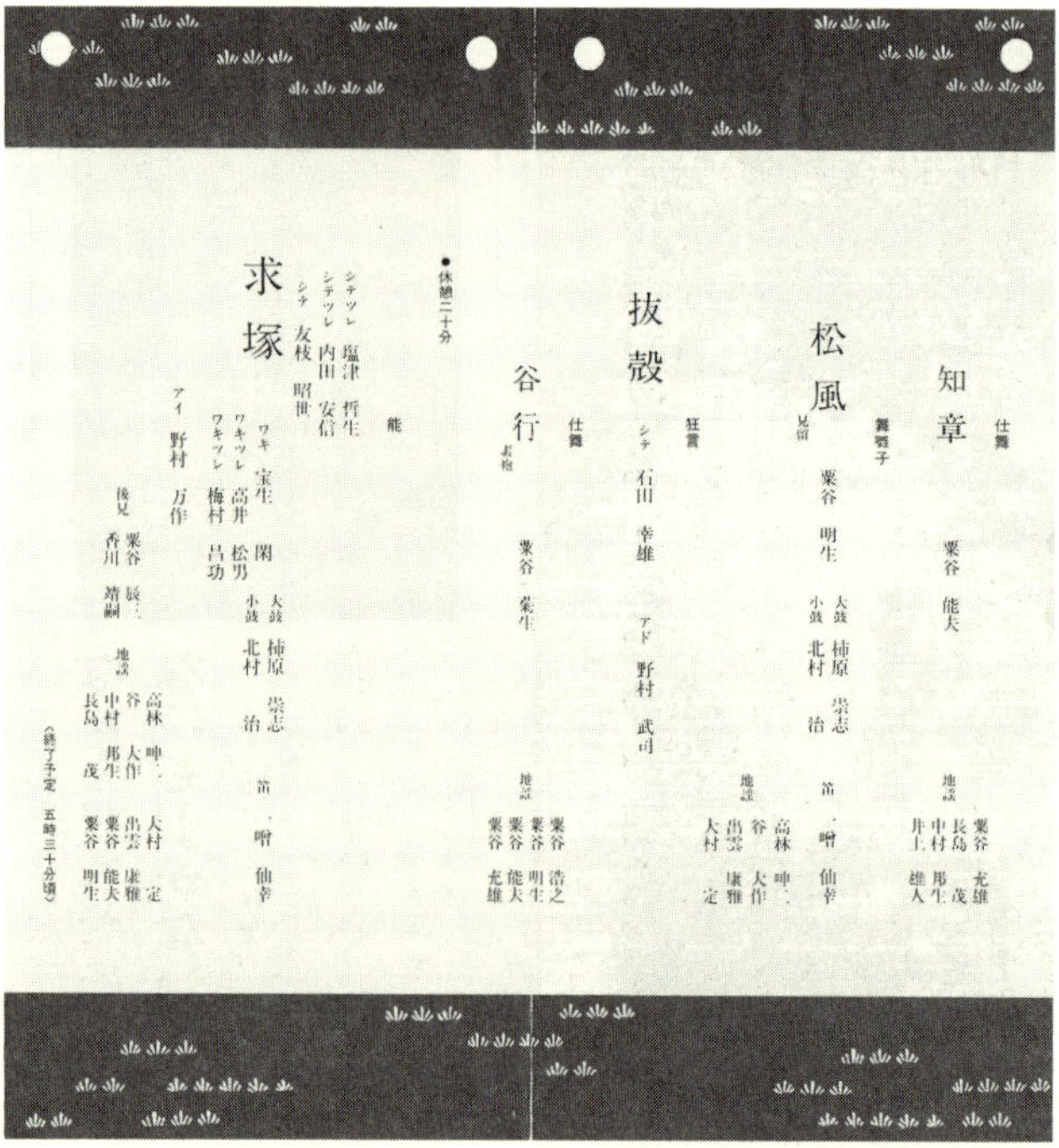

仕舞
知章　粟谷　能夫
地謡　粟谷　充雄　長島　茂　中村　邦生　井上　雄人

舞囃子
松風　見留　粟谷　明生
大鼓　柿原　崇志　小鼓　北村　治　笛　一噌　仙幸
地謡　高林　呻二　谷　大作　出雲　康雅　大村　定

狂言
抜殻　シテ　石田　幸雄　アド　野村　武司

仕舞
谷行　素働　粟谷　榮生
地謡　粟谷　浩之　粟谷　明生　粟谷　能夫　粟谷　充雄

●休憩二十分

能
求塚
シテ　友枝　昭世
シテツレ　内田　安信
シテツレ　塩津　哲生
ワキ　宝生　閑
ワキツレ　高井　松男
ワキツレ　梅村　昌功
アイ　野村　万作
大鼓　柿原　崇志　小鼓　北村　治　笛　一噌　仙幸
後見　粟谷　辰三　香川　靖嗣
地謡　高林　呻二　谷　大作　中村　邦生　長島　茂　大村　定　出雲　康雅　粟谷　能夫　粟谷　明生

〈終了予定　五時三十分頃〉

第3回研究公演番組

込むような存在でなければいけない、と肌で感じました。

その後、折りにふれ「地謡の充実」を確認しようと、これをテーマにして、研究公演特別版を企画してきました。初心に帰る心持ちです。平成十七年の『木賊《とくさ》』、平成二十二年の『檜垣《ひがき》』、いずれも友枝昭世師にシテをお願いし、我々が地謡を勤めてきました。

『木賊』は親子邂逅の物狂い能で、しかも親が男で老人という珍しいものです。大曲ですが演じられる機会が少ないこともあり、ここで掘り起こす意義があったと思っています。

『檜垣』は老女物といわれ、能楽師にとっては最高位の曲です。喜多流の老女物は『卒都婆小町《そとばこまち》』と『鸚鵡小町《おうむこまち》』、それに三老女と呼ばれる『伯母捨《おばすて》』、『檜垣』、『関寺小町』があります。『関寺小町』は喜多流は理由があり止曲となっているので、実際には『伯母捨』と『檜垣』が最高位と崇められています。『伯母捨』は父・菊生が平成六年十月、「粟谷能の会」で百八十年ぶりに再演し、その後故大島久見《おおしまひさみ》師、友枝昭世師、香川靖嗣師などが演じられています。『檜垣』も昭和六十二年に故友枝喜久夫師が百二十年ぶりに演じ、以来、この友枝師をシテに迎えた研究公演が二十四年ぶりの再演となりました。昭和初期まで喜多流の老女物は、大事にし過ぎ、高い神棚の奥にしまい込まれていましたが、近年、勤められる方が多くなり、現場の我々にも身近になってきたように感じます。研究公演で『檜垣』を取り上げ、この秘曲を次世代に継承できたことは喜びです。「喜多流の『伯母捨』や『檜垣』はどうなっているの」と聞かれて、以前は「私たちも観たことないので……」と答えざるを得なかったことを思うと、やってよかった、と強く感じています。

## 書くことと演じること

四十代に入って、私が始めたことがあります。それは書くこと。一曲を演じた後に、その曲についてどのような思いで演じたか、演出の工夫や曲の掘り下げなどを、「演能レポート」としてまとめることを始めました。最初に書いたのは平成七年の研究公演で披いた『松風』の演能レポート。今から読み返すと稚拙で恥ずかしい限りですが、とにかく、書くことをスタートしました。

書くきっかけになったのは、ある方から言われた一言です。

「本物の能楽師は演じて、そして書けてなんぼだよ。寿夫さんも、あなたのお父上もちゃんと書いていま

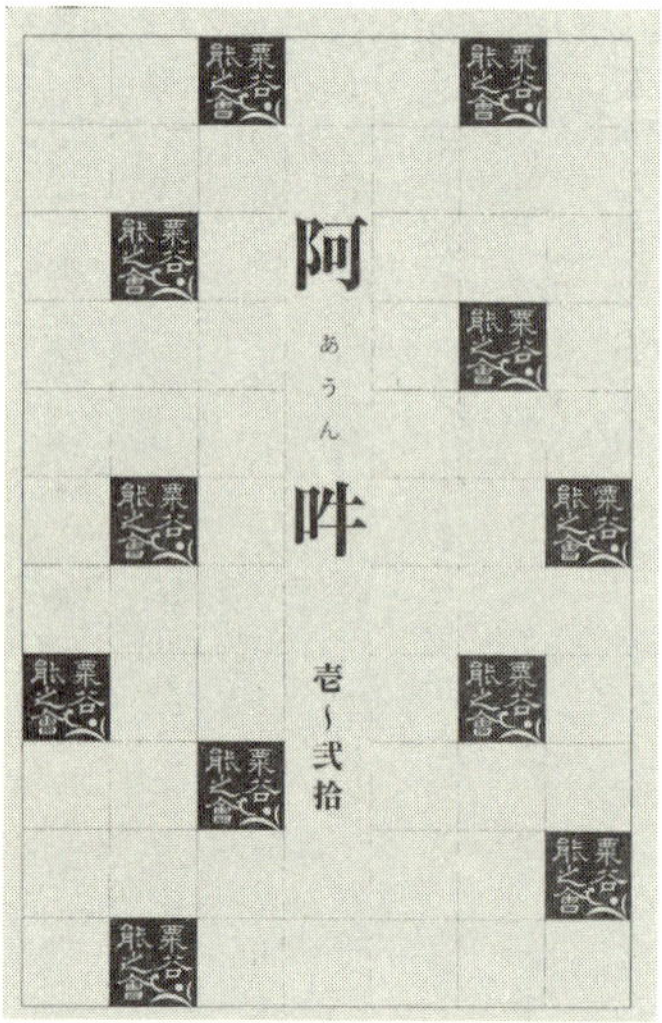

「阿吽」特別版（合本）表紙

すよ。大丈夫、やっていくうちに上達するし、書き残す作業というのは、次世代のためというよりは、自分のためだから」

これに乗せられました。三十歳近くになって、『観世《かんぜ》寿夫《ひさお》著作集《ちょさくしゅう》』を読み、能楽師でこんなに能を学者のように知っている人がいるのに驚き、またその文章力にも惹かれました。寿夫氏の能は五番ぐらいしか観ていないのですが、とにかく憧れました。

そして、文章への憧れの対象は、ある方が言われるように身近にもいました。父・菊生のウィットがあって温かく、真実がうまく盛り込まれた文章です。私にとってこの先達の文章がお手本です。真面目な文章は寿夫先生や先代観世銕之亟先生、くだけたものは父のタッチで、そうイメージして書き始めました。

ちょうどその頃、「粟谷能の会」の機関誌「阿吽《あうん》」を創刊することとなり、平成八年春号が第一号で、年二回の発行で、現在までおよそ二十年続いています。

創刊にあたって、巻頭に「自分たちの主張をそのつど皆様に伝えたい」、「先輩から受け継ぎ教えられたことを、言葉として残しておく必要がある」という思いを掲げました。少し前に「研究公演」を立ち上げ、自分たちの演能を模索していた頃です。どんな思いで勤めているかを記録し伝えていきたいという思いが強く働きました。父の巻頭エッセイ、能夫のエッセイ、私の演能レポート、能夫と私が子方時代からの稽古の様子や能への取組みを語り合う「我流《がりゅう》・年来稽古《ねんらいけいこ》条々《じょうじょう》」が定番になりました。十年目には二十回分を合本にして多くの人に読んでもらっています。

また、四十代というのは大曲に挑戦したり、小書で演出を見直したりと、自分の能を創り上げるべく、もがきながらも懸命に取り組んでいたときでもありました。平成七年の『松風』を筆頭に、平成八年『隅田川』、十一年『安宅』、十二年『望月』、『歌占』、『実盛』、十三年『石橋《しゃっきょう》』子獅子、十四年『野宮』、十六年『鬼界島』など。これらの曲はすべて「演能レポート」を書き、本書でも取り上げています。演出については、すでに述べましたが『采女』や『砧』が忘れられないものになっています。

平成十四年には創作能『月見《つきみ》』にも取り組みました。この曲は平家物語五巻の「月見」の段を能形式で表現しようというもので、演出家の笠井賢一《かさいけんいち》氏の依頼により、学校教材としてDVDに録画することとなりました。私が座頭の役目を担い、配役の決定や曲の節付、型付などを行いましたが、なにより喜多流の若手とともに新しい曲を創り上げるという貴重な経験ができ、とても有意義だったと思っています。

また平成十七年には『卒都婆小町』（シテ・能夫、地頭・菊生）に地謡で参加し、老女物の謡の重要性を体験することができました。

これらの曲を勤めたお陰で、若造だった頃の、型付通り、教えられた通り、では立ち行かなくなることを確信しました。「なぜ、この能はこうなるのだろうか」「何を言いたいのか」「主人公はどういう人物だったのか」「主人公の執心とは?」と、疑問を自分なりに解決してからでないと前に進めず、曲の読み込みや伝書や資料の読み込みがどうしても必要となりました。「演能レポート」は自分で調べたこと、感じたこと、工夫したこと、演じてみてどうだったか、などを整理するうえでとても役に立っています。「書く作業は自分のためだから」のアドバイスは、今、なるほどと腑に落ちるのです。「よし、こうなったら、自分が演じたときに考えたことすべてを書き残すぞ」と書きに書いて、ときに「書き過ぎ。長過ぎて読む気がしない」などとご注意を受けるほどですが、書くことが楽しくて仕方が無い、という域まで達しました。書くことと演じることは、車の両輪のようなものとなり、自分を刺激し励ましています。

「能は花火のようなもの」と、父はよく言っていました。能は舞台で華やかに演じられますが、それはひと夜の夢のようなもの。「そのときに輝けばいいの」が父の持論でした。でもそれではあまりにも寂しい、先達の思いやそれぞれの時代に生きた能楽師の思いを書き留めておきたい、そんな気持ちも働き、先輩たちがいいお話をするとメモするのも習慣にしました。私のメモは日常的な備忘録からメディアから流れるもの、酒場での先輩のお話、本の中の言葉、見聞きし面白いと感じたことすべて、広範囲に及んでいます。父に「書かないで頭に入れろ！」と言われると「はい、そのように叱られた、とメモしておきます」と答え、父が嫌な顔をしたことは忘れられません。そして、ここぞというときは、メモだけでなく録音もさせていただきました。録音を聞きながら整理して手帳に書き込む。二度手間のようですが、二度聞くから分かることもあり、これがなかなか有効であることも知りました。

能『山姥』に「塵、積もって山姥となる」という謡がありますが、私の場合は「塵も積もれば山となる」で、『粟谷菊生　能語り』（粟谷明生編著・ぺりかん社）は書き留めたメモと録音の山から出来たものです。

また、能の世界で書き残した人といえば、世阿弥元清が筆頭に上げられるでしょう。能楽師は考えたり書いたりしていては碌なものではないという批判は、このような先達を見れば必ずしも当らないでしょう。私は到底足元にも及びませんが、楽しいから止められない、そんな気持ちで、書くことと演じることを続けていきたいと思っています。

「粟谷能の会」のホームページや粟谷明生の公式サイトは、これまでまとめてきた演能レポートをはじめ様々な読み物、ブログ、演能のスケジュールや記録など盛りだくさんです。多くの人に情報提供をして、能に親しんでいただきたいと願っています。

## 父の死を乗り越えて

大曲にも取組み、能楽師人生としては充実した四十代を過ごし、五十代もその延長で行くつもりでした。「四十代、五十代は能楽師として一番いいとき。そのいいときを見逃さないでくださいよ」などと、お弟子さんやファンの方々に言っていました。まさにそのような心意気だったのです。「今が食べごろ」と言い続けた父に習って、私も六十代になれば「六十代こそいいとき」、七十代になれば「七十代こそ……」などと言いそうですが……。

そんな五十代のスタートは『松風』の再演、そして翌平成十八年十月八日の「粟谷《あわや》益二郎《ますじろう》五十回忌追善・粟谷能の会」で『江口』の披きが予定されていました。能夫も『道成寺』再演で追善能を飾る予定、父・菊生は私の『江口』の地頭を勤めることになっていました。父にとっても大好きな『江口』で、息子の能を謡うことを楽しみにしてくれていました。その父が『江口』の申合せの前日に倒れ、会の当日まではなんとか持ちこたえてくれたものの、三日後の十一日には帰らぬ人となりました。私が五十一歳になったばかりの秋のことです。

人間国宝として評価され、芸術院会員にもなった父の地謡は絶品で、八十三歳で亡くなるまで常にオファーがあり、あの舞台この舞台と忙しく地頭を勤めていました。いくつになっても、謡の文句を忘れたり間違えたりすることもなく、いつも全身全霊で謡っていました。その父がいなくなったのです。いずれこのときが来ると、「地謡の充実」を掲げて備えてきたつもりでしたが、想像以上に喪失感は大きいものでした。しかし、いつまでも悲しみに打ち沈んでいられません。目の前には、父が残してくれたお弟子さんたちがおられます。私のお弟子さんも含め、日本の北から南まで、ほうぼうへ稽古指導に駆け回ることになりました。もちろんすでに計画された舞台も控えています。

役者は常に光源体であるべき、どんなときでも舞台で輝く存在でなければなりません。父は確かに光源体であって、いつも輝いていました。父を失い、一つの光が消え、闇があたりを満たしているようでした。しかし、蛍が明るい昼間より暗闇の方が美しく見えるように、暗闇だからこそ光源体の光は輝き冴えるのだと自分に言い聞かせ、今度こそ自分たちがその光源体になろう、最初はかすかな光であっても、暗闇を照らしてくれるはずだから、そんな思いに包まれました。

父が逝って、能夫と私でまず考えたことは、「粟谷能の会」としても、喜多流としても、地謡を謡える貴重な戦力を失ったと認識し、これからは残された我々が頑張らないといけないということでした。「粟谷能の会」を創設して、粟谷の能の地盤を作ってくれたのは、新太郎伯父と父・菊生でした。今、二人亡きあと、その息子である能夫と私で、この「粟谷能の会」を盛り立てていくことが大事、父・菊生がいなくとも、二人で国立能楽堂をお客様で満席にしよう、と誓い合いました。父の晩年は私たちが企画し引っ張ってきたという自負はありましたが、心のどこかで、父に頼るところが多くあったと思います。しかし、もう梯子は外されました。とにかく「粟谷能の会」を継承し繁栄させていかなければならないと心底思いました。

それからは、新太郎や菊生が行ってきたように、追善能と銘打っては「粟谷能の会」でそれぞれが大曲に挑みました。「益二郎五十回忌追善能が終わったから、今度は僕の一周忌から始めるといいよ」と言いそうな、父のいたずらっぽい顔が浮かんできます。一周忌追善能（平成十九年）では能夫が『石橋』、私が『三輪』「神遊」を勤め、三回忌追善能では能夫が『木賊』、私が『絵馬』「女体」、七回忌追善能では能夫が『歌占』、私が『求塚』を勤めることができました。

ほかにも、二十一年の『安宅』「延年之舞」、二十二年の『定家《ていか》』、二十四年には父の十八番だった『景清』を披くことができ、それぞれに思い入れがあります。そして二十六年の春の「粟谷能の会」では『道成寺』の再演に挑みました。五十八歳の『道成寺』。能人生もここまで来たと感慨深いものとなりました。

私見ですが、日頃から精一杯稽古し、挑む力量が備わりつつある者ならば、大曲には早く挑むべきと思います。大曲や老女物など還暦を過ぎてから許されるという慣習はむやみやたらと下手が挑まないようにする予防線でもあり、良い面もあります。これを無くせとは言いませんが、力をつけてきた者や、早い時期に演じておく必要がある者ならば、可能な限り早く挑んで然るべきだと思います。私は父の代演で思わず早く『砧』を披かせていただき、感じることが多く、次はこうしたいと思いもふくらみました。人生を重ねなければわからないこともありますが、志があるなら、少し背伸びするぐらいの気持ちで、早めに大曲に挑み、その後二回、三回と深めて行く、そういうあり方を許す風潮がほしいです。あまり大事にし過ぎて神棚に上げてしまうと、歳を経てからいきなり挑戦となっても身体が思うように動かないと思います。私自身還暦を過ぎ、まだまだ大曲や老女物など課題曲がありますが、それらに早め早めに挑み深めていきたい、そう思っています。

## 能よ、永遠なれ！

能は長い歴史の波に洗われながら、なお変わらぬ様式美を保っていて、それを継承する私たちは、その本流をしっかりと捉え伝えていく役目があります。とは言っても、今伝えられている「本流」も、室町、安土桃山、江戸時代のそのままではなく、少しずつ姿を変え、時代にあった能を創り出してきたはずです。

能は昔、申楽といっていましたが、田楽などが中心だった芸能の世界に、申楽が登場したときには、聴衆は斬新な芸能として驚きをもって観たのではないでしょうか。そして観阿弥や世阿弥の時代に能はひとつの完成形を創り出しますが、将軍などの庇護が期待できなくなったときには、観世小次郎信光らが大衆に受け容れられるエンターテインメント性の高い能を創造し、新しい観衆を獲得していきました。

喜多流は江戸時代のはじめに、二代将軍徳川秀忠に、それまで四座（結崎座、外山座、円満井座、坂戸座、それぞれ今の観世流、宝生流、金春流、金剛流）に喜多流を加え、正式な能（猿楽の能）の流儀として五流と認めていただいたお陰で、現代まで継承されています。たぶん五流になることについて、それまでの四座の人々が、おもしろくないと思っていたこともあったでしょう。がしかし我が喜多流の流祖にはそれを認めさせるだけの「力」があったのだと思います。

このように、能の歴史も平坦なものではありませんでした。常にその時代に似合う能を模索していかなければ、今にそして将来に生き残っていくことはできないはずです。六百年以上も続いているのだから、今後も続いて行くとの保証はありません。続いてきたのは、その時々の能楽師がその時々に似合ったものを改めて創り出してきたからにほかなりません。今に生きる能楽師も伝統という名のもとに胡坐をかくのではなく、一つの能を自分なりに解釈し、今の時代の能をどう創るかが問われています。そうして創造されていく能は伝統芸能でありながら、決して古臭いものではないはずです。

私もこれまで私なりに工夫を重ね努力してきました。しかし、ときにその工夫に批判をいただくこともあります。以前、新しい試みに挑戦された友枝昭世師が「そんな型、喜多流にあるの?」と問われ、「ない。しかし能にはある」と答えられました。本当にそうだと思います。流儀を越えて、能に向き合うことの素晴らしさを感じ、私も「能にはある」を信念として演っていきたいと思っています。あまり独走しすぎるのもいけませんが、消極的過ぎるのもいかがなものかと自らを鼓舞しているのです。

能楽師や能に関わる人すべてが、能に真摯に取り組み、素晴らしい能を創り上げる、これが能の発展につながることは誰もが認めるところでしょう。そのために、自らが努力するのはもちろんですが、後進の指導や、また新しく能楽師を目指す人への指導にも力を入れ、これからの能を担っていく人材を育てていく必要性を感じています。

それに加えて、私は能楽愛好家を増やしていきたいと切に願っています。謡や舞を習ってみると、能が身近になり、能への親しみがわきます。昔は地方にセミプロのような謡や舞の愛好家、教士や教授がたくさんおられ、その人たちが中心になって盛り上げ、私たち能楽師の活動を補ってくださいました。今はそのような方々が少なくなってきました。習う人を増やすと同時に、指導者となる人物の養成も課題です。

一人でも多く、能愛好家になっていただきたいと、私は今、能楽体験教室を開設したり、学生が能を舞えるチャンスを作っています。また、能を観てくださる方が観やすく、親しみやすい環境を整えることも大切です。事前に演じる曲目についてお話する事前講座を開催したり、配布するプログラムも観客サイドに立って鑑賞に役立つ内容を心がけています。私の本丸である喜多流の能楽堂の環境を整えることもこれから大きな事業となりそうです。

面をつけた人物や鬼が異界からタイムスリップしたように現れ、謡い舞い、それに呼応するように笛や鼓、太鼓が囃し、まるで夢のような世界を創り出す能。その舞台に立ちながら、願うは「能よ、永遠なれ！」です。一人でも二人でも、能に興味を持ち、能楽堂に足を運んで能にふれてほしい。能の発展のために、多くの人からもお知恵を拝借し、出来ることは何でもやっていきたい、今の私のいつわりのない心です。

## 盲目の杖

「盲目の杖」と呼ばれるものは『望月』のツレ（母）や、『蝉丸』のツレ（蝉丸）、『景清』にも使われますが、『望月』は構えをするだけ、『蝉丸』も『景清』も終始突くわけではないので、技を駆使する究極は、何といっても『弱法師』の杖ということになります。

『弱法師』の「盲目の杖」はとりわけ難しいものです。面をかけて視界が狭められていると、杖の先が見えず、すると手首の癖も出て、どうしても左右どちらかにずれてしまい、身体の正面中央に綺麗に突けません。これは経験、稽古によって習得するしかなく、早めに手がける必要があります。さらに、小書「舞入」になると、イロエ（シテが囃子にあわせて舞台を巡ること）が中之舞になり、杖を左手に持ち替え、右手に扇を持って、杖を突きながらの舞となり、一層難しくなります。

「盲目の杖」の扱いは、観世流でもさまざまな心得があるようで、杖の先で「心」の字を描くように、また左右ほぼ均等に振り分け突く、もありますが、喜多流は一つ一つ手前に掻くように突くのが教えです。これに突く反対の方に顔を向ける動きを加えて盲目らしさを出します。

父・菊生は十四世喜多六平太先生に、「俊徳丸は天王寺に通い慣れている。どこに何があるかは知り尽くしているから、気持ち少し速めて運ぶとよい」と教えられたとか。

余談ですが、先代観世銕之亟先生の「景清はゴツゴツ、弱法師はコツコツ、蝉丸はツンツン」と言っておられたようですが、これは言い当てて妙です。

昔、父が映画・座頭市シリーズで座頭市を演じた勝新太郎《かつしんたろう》の真似をして、杖の扱いを教えてくれたことを、『弱法師』にたずさわるたびに思い出します。

## シテ方の後見《こうけん》

能を初めてご覧になる方はきまって、「あの後ろに座っている二人は何なの？」と質問されます。「後見《こうけん》と言いまして、座っているだけのように見えますが、実はいろいろな仕事があります」と説明しても、不思議そうな顔をされるばかり。

シテ方の後見は通常二名で、後見座に座り、喜多流は正面席から見て左側が主後見でリーダーの役割、右側が副後見になります。大曲に限り三名で勤めることもあり、そのときは前後二列に座り、前列の一名が主後見、後列の二名が副後見になります。

後見の基本的な役目は、後ろから舞台を見守り、演能が滞りなく進行するように支援することで、その役割は舞台裏から始まります。楽屋では装束や小道具の点検、装束の着付を行います。シテが舞台へ出ると、後見は切戸口から出て後見座に座ります。舞台の進行に目を配り、作り物の出し入れ、演者への小道具の受け渡し、物着《ものぎ》（舞台上で装束を替えること）の世話、時には演者が絶句した場合の助言など、具体的な役割は多岐にわたります。

ともすると後見は黒子的な地味な役割に誤解されそうですが、黒子と決定的に異なる重大な役割を背負わされています。それはシテに大事が生じたときに、すぐに代役を勤めなければならないということです。つまり、後見は代役ができる、シテと同格かそれ以上の技量を持ち合わせた者でなければ勤めることはできないということです。ですから、シテ方の位付けはシテ、シテツレ、主後見、地頭、副地頭となり、後見は非常に重く扱われています。

シテ方ではシテ、後見、地頭を勤められることが目標の一つになります。舞と謡はもちろん、楽屋働きも含めて舞台全体を包括的に進行させる能力が求められており、これらを習得、把握した者が一人前の能楽師といえるのです。

## 薪能《たきぎのう》

現在、全国各地で薪能が執り行われ、夏の風物詩にもなっています。薪能というと「夏の夜の清々しい屋外で、篝火《かがりび》が焚かれる中、雅で幽玄な能の世界を満喫する」というようなイメージで、能楽堂で催される能とは一味違った風情を感じていただけることでしょう。

山口市の野田神社にある能舞台はたいへん立派な屋外の舞台です。特に陽が落ちてからの薪能では、舞台が浮かび上がるように見えて幻想的です。日本でも屈指の能舞台といえるでしょう。このところ、夏に山口薪能が催されています。

しかし、薪能は好条件で催されることは非常に稀で、ほとんどが悪条件のもと、能楽師も裏方スタッフも汗を流していることを白状します。演者は蒸し暑い中、装束を付け、出番前にすでに大汗をかいています。優美な篝火の煙は、風向きによっては演者には煙たく謡に支障をきたすこともあります。舞台照明は虫などを舞台に集め演者の妨げになることがあります。屋外では声の通りも悪く、いつものように謡っていては観客に伝わりません。

このような悪条件がありながらも、薪能の風情を楽しみに来てくださるお客様に「来てよかった！」と感じていただけるように、私たちは曲目の選択などさまざまな工夫をしているのです。

## 能楽堂と劇場

昔の能は屋外に舞台があるのが一般的でした。現在の能楽堂は屋外にあった舞台をそっくり堂内に入れ、見所も椅子が取り付けられています。舞台の屋根がついているのは、屋外の舞台を持ち込んだ名残でしょう。能楽堂なら天候の心配をすることもなく、声の響きもおおよそ見当がつき、好条件といえます。

各地で能楽堂が造られていますが、ない場合は公会堂のようなところに能舞台と橋掛りを取り付けて演能することもあります。

以前、小劇場で『頼政』を勤めたことがあります。静岡県舞台芸術公園内の楕円堂という小さな楕円形劇場です。壁、柱も黒いうえに照明が暗く、ほとんど真っ暗な中、シテやワキにスポットライトが当たり、演者が浮かび上がるような演出でした。通常の能の世界ではスポット照明は使用しません。面の中に光が入ると演者の目が見えなくなるからです。もちろん橋掛りも四本柱もないので、演者としては全くやりにくく難しい空間でした。ただ、観る側の意識や息づかいがじかに伝わってきて、舞台と客席が一体となる小劇場ならではの魅力はわかる気がしました。能舞台ではないところでもそれなりに成立していたという感想をいただき、表現方法の可能性はいろいろあるのだと感じました。

しかし、一方で能という芸能の芯のようなものを逸脱してはいけないとも感じています。ある薪能で音響映像担当者から、舞台裏のお城に映像を映そう、潮や波の音を入れたり、白や赤、青の色をバックに入れたり等々の提案がなされましたが、即座にお断りしました。そこまで行くと能ではなくなってしまうと私は思うからです。

# 第二部 演能の舞台から

仕舞「玉之段」
［撮影・森口ミツル］

能は江戸式楽となって、正式には「五番立て」という、一日能五番、そして能と能の間に狂言が入る番組が組まれました。能五番は、神能ともいわれる祝言性の高い能から始まり、次に「男」、「女」、「狂」、「鬼」の能というように、異なる内容の番組を配列し、観客を飽きさせないようにと工夫していました。それぞれを、初番目物、二番目物、三番目物、四番目物、五番目物ということもありますが、初番目物は脇能物、二番目物は修羅物、三番目物は蔓物、四番目ものは狭義の意味で狂乱物、いろいろな能を含む意味で雑能ともいわれ、五番目物は切能ともいわれます。最近、五番立ての興行は、能楽協会主催の式能や厳島神社の神能などわずかになりましたが、このような分類の仕方は残っています。

ここからはおよそこの分類にそってお話させていただき、能がいかに多彩であるかを知っていただきたいと思います。

# 第一章　神・祝言

## 『翁《おきな》』は能にして能にあらず

正式には初番目物の前に演じられるのが『翁』です。初番目物が脇能とも呼ばれるのは、『翁』の脇に演じられるとの意味合いがあります。『翁』は神能の中でももっとも神聖化した祝言の能で、儀式の要素も多くあり、「能にして能にあらず」といわれるように、普通の能とは異なり別格です。平安時代や鎌倉初期に寺社の行事や祭礼に奉仕する芸能として発生したもので、その後、室町時代後期に吉田神道の影響を受けましたが、ほぼ現在まで大きな変化なく伝えられています。

「どうどうたらりたらりら……」と呪文めいた謡から始まって、「天下泰平、国土安穏。今日の御祈禱なり」と謡い舞い、五穀豊穣や天下泰平、国土安穏を祈る芸能といってよく、芸能者は厄を祓い福を呼びよせる役目を担います。私たちの芸能活動の根っ子はこのようなところにあると感じます。人間の悲しみ、苦しみ、そういう普遍的な負を背負って、祈り救済する役目。『翁』を演じるときはそのような意識で、演じるというよりは、神事に奉仕する気持ちで勤めています。正月の初会や祝賀の会で上演されることが多く、そのため私は『翁』を勤めるときは正月の節目のような新たな気持ちになります。お能をご覧になる方も、まずはお正月や初会などで『翁』を鑑賞し、新鮮な気持ちで一年をスタートさせるのも良いのではないでしょうか。

『翁』は演能前から特別づくしです。伝書には精進潔斎して舞台に臨むように、「翁太夫は勤める前日午の刻に沐浴し、食物の火を改め別火《べっか》致す事、服穢《ぶくえ》有る者に対面不致」とあり、楽屋は女人禁制がしかれます。とはいえ、別火は現在の生活では不可能に近い習慣です。女人禁忌は女性の生理による穢れを嫌ったもので、女性を不浄と見て聖所や宗教儀礼から締め出す習俗といわれ、かつては自然に受け容れられたのかもしれませんが、現代、それに固執するのはどうでしょうか。かといって、『翁』を勤める楽屋に女性が行き来しては、長い歴史の流儀のしきたりから外れるので、楽屋入りはお断りしていますが、女性の作った食事をし、心を落ち着け明日の演能を待つ、今の時代はこの程度の潔斎でよいように思います。

上演前には、必ず、楽屋の鏡の間に「翁飾り」といわれる祭壇が作られます。最上段に白式と黒式の尉面と鈴を入れた面箱と翁烏帽子が飾られ、下段には洗米、塩、盃が載せられ、お神酒が用意されます。

シテは装束をつけ、烏帽子を戴き、中啓《ちゅうけい》（扇の一種）を持ち、準備を整えたら、翁飾りの前に正座し、祭壇に向かって深々と礼をし、後見からお神酒をいただいて出を待ちます。続いて、出演者一同、まずは狂言方の三番三《さんばそう》（和泉流では三番叟。『翁』で狂言方が舞う舞、またその役）、千歳から順に、囃子方、地謡方、後見とお神酒をいただき、洗米を口にし、塩をふり、心と身体を清めます。扮装は囃子方、地謡方、後見もみな、素袍《すおう》上下に侍烏帽子を着用します。いずれも最高の礼装姿です。

お神酒をいただいた囃子方はすぐにお調べを始め、千歳は面箱をいただいて、いよいよ出になります。千歳を先頭に、シテ、三番三、囃子方、後見、地謡と、みな橋掛りから登場します。通常、橋掛りの中央は歩まないのが能役者の鉄則ですが、『翁』のみ特別に真ん中を歩むものとされています。

シテはどっしりと一歩一歩を位を持って運びます。この位取りは何でもないように見えますが、演者としてはなかなか難しいものです。父は「この位取りは、歳を重ねると自然と出来る。若い太夫はどうしてもあそこに風格が出ない」と話していましたが、確かに位取りは加齢で対処出来るようですが、風格はまた別の要因で生まれるように私は思っています。

『翁』［撮影・青木信二］

千歳が目付柱近くに下居すると、シテの翁太夫は正面先に出て下居し深々と礼をします。伝書には「偉い方は南に向いて座るから、北を向いて礼をする、北斗へ向かう心」と意味ありげな事が記載されています。正面席の方々にお辞儀をしているように見えるこの動作、実は上空の北極星を見上げ、そして舞台正面先の神の依代《よりしろ》とされる、我々の目には見えない「影向《ようごう》の松《まつ》」に礼をしているのです。私は神に「これからご祈禱を捧げます」とご挨拶の気持ちを込めて深々と礼をしています。

シテが着座して面箱が置かれると、出演者は所定の位置に着座します。着座する位置も常とは異なり、地謡は地謡座ではなく、囃子方の後方の後座に座り謡います。これは今のような地謡座がなかった舞台の名残だそうです。笛の音取りが始まり、小鼓三人の連調という珍しい演奏になります。

シテの「どうどうたらりたらりら、たらりあがりららりどう」の呪文のような謡が始まり、千歳が勇ましい千歳の舞、露払いを披露します。この役は『翁』の中で唯一若やいだ役です。シテは千歳の舞の途中で白式の「翁」の面をつけ、御祈禱の謡を謡い翁の舞となります。翁の舞は右手に中啓を広げて高く掲げ、天地人と目付柱の前、脇柱の前、大小前にて特別の拍子を踏み、最後に萬歳楽《まんざいらく》と唱和して終わります。シテは元の座に戻り面を外し、また正面先に礼をし、翁帰《おきながえ》りといわれる特殊な退場をします。

シテが幕に入ると、それまで出番がなかった大鼓が床几にかけ、揉みの段を囃し、三番三の出番となります。直面で大地を踏む揉みの段、続いて、千歳より鈴を手渡され「黒式尉」の面をつけて種まきを表す鈴の段となり、五穀豊穣を祝い舞います。

『翁』の構成はこのように、千歳の舞、シテの翁の舞、三番三の舞の流れですが、上掛（観世流、宝生流）と下掛（金春流、金剛流、喜多流）では配役が異なります。翁太夫をシテ方、三番三を狂言方が担うのは同じですが、千歳が違います。上掛は千歳をシテ方が勤め、別に面箱を持ち運ぶ専門の役（役名は面箱）を狂言方が担うのに対して、下掛の喜多流では、千歳が面箱を兼ねて狂言方が勤めます。従って下掛は狂言方の出番が多く、特に千歳は下掛でなくては披くことができないので、狂言方はその機会を大切にされています。

『翁』の特異性の一つに、シテが観客の前で堂々と面をつけることがあげられます。これは、シテが舞台に出るときには、演者そのもので役に入っておらず、舞台で面をつけて翁の役になるという、非常に特殊な仕組みです。

昔、足利義満公の前で、観阿弥が敢えて若い息子・藤若（後の世阿弥）にこの翁太夫の役を勤めさせ、最初に美少年の素顔を見せて印象づけ、そして舞台で面をつけて変身させる、舞台効果を充分に知り尽くしたうえでの演出だったと思われます。

『翁』では千歳が凛として舞い、それに呼応するようにシテの翁太夫がどっしりと舞い、三番三が大らかでありながら緊張感をもって土の香りがするような演技をして、祝言の能を演出します。シテはもちろん、狂言方、囃子方、地謡方すべてが調和した緊張感の中で創り上げられてこそ、よい『翁』になるのです。

## 厳島神社で翁付脇能を演じる

ところは広島県。かつて安芸国のいわれた瀬戸内海に浮かぶ宮島。本土から船で渡ると対岸に赤い鳥居が見えてきます。これこそ安芸国の一の宮・厳島神社の鳥居です。厳島神社は鳥居も社殿も海中に建つ、全国でも珍しい神社です。平清盛が安芸守になってから厚く崇拝し、今日の社殿は清盛が造営したものの形を受け継いでいるということです。

ここに、海に浮かぶ能舞台があり、毎年、四月十六日から十八日までの三日間、厳島神社の春のお祭り

厳島神社能舞台『翁』［撮影・青木信二］

「桃花祭」で神能が催され奉納されています。

形式は初日と二日目は翁付五番立て、三日目は『翁』が付かない五番立てで行われます。脇能から次の能の間に狂言が一番入るので、朝九時から始まって夕方まで、長い時間がかかります。まさにお能三昧の三日間になります。現在他に五番立てといえば、二月の第三日曜日に国立能楽堂で催される東京式能（能楽協会主催）がありますが、この神能が一番古い形式を守っているようです。

現在は桃花祭神能での五番立てのうち、翁付脇能を玄人が勤め、他を素人の方も勤めることが可能なので、毎年、全国から我こそはと思う能愛好家が集まり、謡い舞って楽しむ一大イベントにもなっています。今は、一日目と三日目を喜多流、二日目を観世流が担当しています。喜多流では出雲《いづも》康雅《やすまさ》氏が執事となり、一年おきに翁付脇能を勤め、その間の年を粟谷能夫と私が交互に勤めています。従って、私は厳島神社の神能で四年に一度、『翁』を勤める機会に恵まれているということになります。

一般的に屋外の能は、昼または夕方から行われることが多いので、朝一番の『翁』は格別です。太陽の光が燦燦と降り注ぎ、潮風が心地よく、すがすがしい気分で演じることができます。文字通り神々しい情景で神事にふさわしい『翁』となります。四月に奉納するのですが、「神様、ありがとうございます」と一年を感謝するような、お正月のような新鮮な気持ちになります。

しかし神能では、気持ちよく『翁』を舞えるからと暢気にしてはいられません。奉納を手伝う玄人は十人程度です。一日五番、その中で自分の役を演じ、地謡を謡い、装束付けから後見、働きと仕事量は多く大変です。役はシテもあればツレもあります。地謡は素人の方が何人も上りますが、玄人は一曲に三人ほどですから、それぞれが地頭に匹敵するほどの技と意識と責任感が必要です。昔、装束付けを一人でやらなければならないときがあり、小指の付け根にタコができ、最後は切れて出血したこともありました。だからこそ鍛えられ、成長するのだと思います。

私の『翁』の披きは、平成七年に『翁《おきな》・弓八幡《ゆみやわた》』、その後四年ごとに『翁《おきな》・養老《ようろう》』、『翁《おきな》・高砂《たかさご》』で、いずれもここ厳島神社の神能でのことです。翁付脇能は位の重さからいって、『弓八幡《ゆみやわた》』、『養老《ようろう》』、『高砂《たかさご》』の順で披くのがよいとされていますので、この順番通りに披くことができたことは運がよかったといえます。

中学・高校時代に先代宗家・実先生から舞囃子で神舞の稽古をつけていただいたときも、この順番でした。当時、『弓八幡』、『養老』と進んで、なかなか『高砂』をやらせていただけなく悔しい思いもしましたが、最近になってその理由がわかりました。それは『高砂』が夫婦和合の精神がテーマにあることだと思っています。ですから、舞囃子でさえ若造の『高砂』は似合わないとされていたと理解しています。そのため時が経ち、お許しが出たときの喜びは一入でした。演目には若くて元気潑剌ですむものと、それだけでは叶わぬものがあります。能楽師は青年時代の修業を経て、徐々に神体らしい気品と力強さ、そして爽やかさが出せるようにと目指しますが、言うは易く行うは難しで、どうしても時間がかかります。力強さが単なる粗雑で荒々しい喧騒に留まらないようにと心掛け、稽古と体験を重ねることで、力強さと幽玄の美を現出することが可能となると信じています。

私はこの厳島神社神能で、翁付脇能を披く前に、脇能三曲すべてのツレを勤めていますが、舞囃子を経験して、ツレを勤め、ようやく翁太夫を勤めることが出来る、この理想の過程を進めてこられたのも神能のおかげと、今、恵まれた環境に感謝しています。

神能が今日のように定期的に行われるようになったのはいつごろかははっきりしませんが、厳島神社で能が行われたのは相当古く、戦国時代の一五六五（永禄十二）年に遡ります。厳島の戦いという、毛利元就がこの地を掌握する戦いにおいて、厳島神社の神域を血で染めたおわびとして、神を慰める神事として、観世太夫を招いて能を奉納したのが始まりです。その後、一六〇五（慶長十）年、福島正則が能舞台を寄進して常設の能舞台ができ、一六八〇（延宝八）年、浅野綱長によって現在の舞台の橋掛り及び楽屋が造られたそうです。私は毎年、長い歴史を感じ、春の爽やかな一日を能とともに過ごしています。

**『翁』は翁付脇能でなければ……**

厳島神社の神能でごく当たり前のように翁付脇能を勤めていますが、今一般に番組に『翁』とあっても、時間的な制約があり、脇能まで続けて演じられることが少なくなりました。『翁』のみの興行が多くなっています。

『翁』は能楽師にとって位が高い大曲とされています。しかし、喜多流の『翁』は一時間ほどの演能時間のうち、翁太夫が勤める時間は出入りの儀式を含めて三十分程度、舞うのは実質十五分ほどです。これが何故大曲であるのか、疑問を抱くようになりました。

やがて、『翁』を勤めるための秘事云々を学習していくうちに、神事を芸能化した『翁』を済ませた後に、脇能を勤め、後シテで神体となって颯爽と舞う、そのために二時間半を超す演能時間を費やし、支度から最後の三役への挨拶が終わるまでの時間を入れれば優に五時間を超すこの長丁場の「翁付脇能」を勤めてこそ、『翁』という曲や太夫云々を語れるのではないかと思うようになりました。脇能があってこその『翁』であり、だからこそ大曲といえるのだと分かったのです。

今、「翁付脇能」を興行するのはなかなか難しい環境であることもよくわかります。しかし、『翁』は翁付脇能であってこそ、これが本来の姿であることを知っておくことは大事なことです。

翁付脇能では、シテは『翁』を舞い終わり幕に入ると、狂言方の三番三の舞の音を聞きながら、次の脇能のシテの装束に着替え、準

『高砂』前シテ［撮影・石田裕］

『高砂』後シテ［撮影・石田裕］

備して出を待ちます。『翁』を勤めた緊張感の後、脇能の『高砂』や『弓八幡』のシテへの気持ちに変化していく、その集中力の変化と持続を体験するのです。

神能の翁付脇能三曲は『高砂』、『弓八幡』、『養老』、いずれも世阿弥作ですが、ここでは『高砂』についてお話しましょう。

『高砂』は本脇能ともいわれ、脇能の中では一番重い位の曲です。夫婦和合、寿命長遠、国土安穏を寿ぐ能で、古名は『相生《あいおい》』ともいわれていました。

物語は、九州阿蘇の宮の神主友成（ワキ）が播磨の国高砂の浦に立ち寄ると、老人夫婦（前シテ・シテツレ）が現れ、松のめでたさと相生（相老）の夫婦の情愛、和歌の徳を讃えるところから始まります。夫婦は実は高砂・住吉の松の神であると告げ、住吉で待つと小船で沖に出てしまいます。神主友成が住吉に着くと住吉明神（後シテ）が出現して御代を祝福し、春浅い残雪の住吉の景色を描き、軽快に颯爽と神舞を舞います。最後は祝言の謡で留めとなります。

この祝言の謡は、催しの最後によく謡われるもので、愛唱するによいところです。

「千秋楽は民を撫で、萬歳楽には命を延ぶ、相生の松風、颯々の声ぞ楽しむ、颯々の声ぞ楽しむ」

『高砂』の老人夫婦は今でいえばさしずめ別居結婚の形です。尉（実は住吉明神）は現在の大阪府の住吉に、妻の姥（高砂明神）は兵庫県の高砂に国を隔て住んでいます。互いに距離を置きながらも心は通い合っている、いや遠くに住んでいるからこそ新鮮で相生（相老）の夫婦となる、通い結婚のすばらしさでしょうか。なんとも進歩的でうらやましい神様達です。

脇能の前シテは尉ですが、この尉は喜多流に限らず、老いを全面に押し出すようには演じません。謡も型も溌剌と力強さとスピードをもって神の化身を表現します。だらだらと謡うべたついた謡、よたよたした老いの運びなどは脇能には似合いません。

クセ（一曲の中の中心的な段）の中の型どころに面白い言い伝えがあります。「掻けども落ち葉の尽きせぬは」と杉箒で左へ二つ、右へ一つ落ち葉を掻き寄せる型をしますが、これは幕府時代の大禮能の秘事の名残で、長久の久の字を逆さまに書いて演じたとされています。また、中入り前の「蜑《あま》の小舟に打ち乗りて」と小舟に乗る型の後、両袖を広げ、まるで帆船の帆を想像させるような型なども、いずれも、力強く硬質に演じるように伝えられています。総じて脇能の尉は直線的で衒いがないのが第一、あくまでも荘重が心得との教えです。

少し能から外れてしまいますが、ワキが謡う待謡、

「高砂やこの浦舟に帆をあげて、月諸共に出で潮の、波の淡路の島影や、遠く鳴尾の沖過ぎて、はや住の江に着きにけり」

これは以前よく結婚式で謡われていました。新郎が新婦の着座を待つときに迎え入れる心で謡われたとも聞いていますが、とにかく二人の新しい門出を、船出に例えてお祝いの気持ちを込めた祝言の謡です。

さて、後場の見どころはなんといっても颯爽としたスピードあるダイナミックな神舞です。この神舞をどのように舞えるかが能楽師にとっての課題です。非常に速いスピードある囃子の演奏に負けない舞の技術、そしてどこか長閑《のどか》さも兼ね備え、風格がなくてはいけません。ですから若造では長閑さと風格が足りず、また身体のキレがなくなった高齢者ではスピードについていけなくなり似合わず、となり、真の旬の「大人の芸」を持つ者が勤めたらよいと思います。

## 連獅子を舞う『石橋《しゃっきょう》』

『石橋』は昔、五番立ての最後の出し物だったことから、切能の範疇に入るようですが、めでたしめでたしと祝言性が高い能であり、ご覧になる方も晴れ晴れとしたよい気分で帰れる人気曲でもあるので、ここに取り上げてお話しします。

『石橋』は寂昭法師（ワキ・大江定基が出家した姿）が入唐渡天し仏跡を拝み巡り、文殊菩薩の住む浄土とも考えられる清涼山にたどり着き、石橋を渡ろうとするところから始まります。そこに現れた前シテ（童子のことも老人のこともある）がこの石橋について語ります。「石橋は人間が渡した橋にあらず、幅は一尺より狭く、苔むして滑りやすく、谷底までは千丈余に及び身の毛もよだつほどの峻厳さ。そこを渡るには難行苦行捨身の行を行う者でなければならず、生半可なことで到底叶わない。しかし、天地開闢以来、天の

『石橋』連獅子。子獅子(左)・明生、親獅子・菊生［撮影・あびこ喜久三］

浮橋とも言われ、向かいは文殊の浄土、橋を渡る徳あり……」と、石橋という橋の凄さと美しさ、徳が明らかにされます。

後場では、乱序の囃子に乗って、獅子が現れ、石橋に見立てた一畳台を使い豪快な獅子舞を舞い、「萬歳千秋と舞い納めて、獅子の座にこそ、直りけれ」で留め、終曲します。

本来このような内容なのですが、最近は『石橋』というと、前場を省略し、後半の獅子舞だけを見せる「半能」になることが多く、私もほとんど「半能」で勤めてきました。しかも、喜多流では子獅子(赤頭：ツレ)と親獅子(白頭：シテ)が登場する連獅子の『石橋』が主流です。連獅子は歌舞伎の鏡獅子に大きな影響を与えていると思われます。

能楽師は子獅子を勤めて経験を積み、やがて親獅子が許されます。私が子獅子を披いたのは『道成寺』を披いた後の三十四歳のとき、親獅子は父・菊

『石橋』親獅子［撮影・石田裕］

生でした。その後、友枝昭世師と三回、従兄・能夫と三回、全部で七回子獅子を勤め、平成二十一年の十月の粟谷の能の会で親獅子の披きとなりました。

『石橋』の「半能」では、ワキの名乗りの後に、いきなり獅子が登場します。激しい乱序の囃子で、半幕にて姿を見せる親獅子。幕が上がりどっしりとした運びで一の松にて石橋を見込み、さあ来いとばかりに子獅子に合図を送ると、それを受けて子獅子は激しく軽やかに飛び跳ね、シテについて舞台に入り、獅子舞の相舞となります。獅子とは文殊菩薩に仕える霊獣です。牡丹で飾られた二台の一畳台を所狭しと躍動し、飛び乗り飛び降り、息もつかせぬ動きで舞い遊びます。親獅子はゆっくり、ゆったりとしながらも力強い動き、子獅子は面も激しく振り、機敏に軽やかに子供のように飛び跳ね、すべてが敏捷に強く、そして子獅子らしくかわいらしさもあるというのが、父や先人たちの心得として教えられてきました。

私は残念ながら父の子獅子を観ていませんが、親獅子は何度も観ています。いつかあのように力強く舞いたいと憧れていました。父の親獅子は子獅子と変わらないほど軽快で、俊敏に動き廻る躍動感あふれるものでした。高齢なのによくあのように激しく動けるものだと身体的な強靭さに驚き感心させられたものです。

以前、東京能楽囃子科協議会（東京の能楽囃子方により構成される団体で、能・狂言を上演する）で『石橋』連獅子があり、親獅子を粟谷菊生、子獅子に友枝昭世という豪華配役がありました。そのときもどちらが親で、どちらが子かわからないほど、二人の勢いは凄さまじく、兎に角、身体のキレの利かせ方が上手で、走り回り飛び回って、他流の方々もいる楽屋を驚かせていました。「菊ちゃん、お若いね。よく動けるね」と他流の方から声を掛けられると、にやっと笑っていた父の顔が忘れられません。私は親獅子というものはあのように素早く軽快に動くものだと思っていました。

『石橋』親獅子［撮影・石田裕］

ところが平成四年、私が友枝昭世師（シテ）との連獅子を終えた後に、父が友枝氏にすっと近づき「昭世ちゃん、やはり白（親）はあのぐらいゆったりとした方が親らしいね。我々のはちょっと動き過ぎていたね」と笑って話していたのを聞いてしまいました。なるほどと、私もそれから、ゆったりとしなければ親の貫禄は出ない、シテ（親）はツレ（子）よりどっしりゆったりと、やや遅れめに動き、子の軽快さ俊敏さをひき立てる、それこそ親の役目と思うようになりました。

とはいえ、唯一シテが本領発揮する見せ場もあります。それは幕が上ってすぐの場面。シテが進み出て三の松で一度ピタリと止まり、乗り込む拍子を踏むと次第に囃子のノリも進み、シテは徐々に加速して二の松から急進し、一の松で身を乗り出し踏ん張って止まります。牡丹に向かい「グア〜〜」と獅子の叫びのように面を大きく切る、ここの型が決めどころです。そして左右に三度、牡丹に戯れるように乗り込み拍子を踏み、獅子の気分は最高潮に達し、右回りに一回転飛びして右足を宙高く上げて一旦止まり、拍子を踏みツレ（子獅子）に合図します。ここが最大の見せ場となります。ここで宙高く足を上げて静止出来るかが、シテの善し悪しの判断基準になります。ドンと強く足拍子を踏み、子獅子に「さあついておいで、という気持ちでやるんだ！」とは父の言葉です。そして、親の役目はここで決まり、あとは子獅子の世界です。『石橋』では、そんな親子の獅子舞の妙味を見ていただきたいものです。

『石橋』にはもう一つ、特別演出があります。それは赤い巻き毛をつけた演出で、これは喜多流にしかない特殊なものです。どっしりと、且つ豪快な獅子舞を一人の演者で披露するところが位高く、特に重く扱われているため、『石橋』自体が、他流に比べて重い大曲とされています。

そのためか、以前は子獅子の披きは二十代が多かったのですが、だんだん遅くなり、私も能夫も三十代でした。獅子を重く扱う、大事にするのはわかりますが、子獅子はどちらかというと運動能力が問われるものです。一畳台の上で一回転半がいとも簡単にできる、身体の切れや勢いが必須で、それができる時期、二十代に披いておくのがよいと思います。ただ動きが活発なだけ、まるで運動会のようだ、能の演技とはいえないなどと言われても構わないのです。まず披きで一度猛烈に動く体験をして、それを次につなげ、三十代、四十代と年齢を重ねながら、動きの妙味を覚え、本当の子獅子を完成させていけばよいのです。こうしていくうちに目標の親獅子が見えてきます。親獅子も子獅子と同じです。早め早めにと挑み、最後に本物の白い親獅子を作り上げていくべきだと思います。

## 神話が息づく舞尽くしの『絵馬』

ここでもう一度脇能に話を戻しましょう。現在、喜多流の脇能の神舞物は五曲で、『高砂』、『弓八幡』は本格、『養老』、『志賀《しが》』は少し格下、『絵馬』は別格と区別するようにと謡本に書かれています。『絵馬』はどのように別格なのでしょう。

『絵馬』は、前場が曲目の題名にもなっている斎宮の絵馬の行事から戯曲され、後場は天の岩戸の神話に沿って作られ、おめでた尽くしの能です。

勅使（ワキ）たちが伊勢の斎宮に着くと絵馬奉納の行事が行われています。老翁（前シテ）と姥（前ツレ）はそれぞれ、老翁が日の恵みの白の絵馬、姥が雨の恵みの黒の絵馬を掛けようと争いますが、今年は両方を掛け国土を豊かにしよう、五穀豊穣、万民快楽へと落ち着きます。そして二人は伊勢の二柱の神であるとほのめかして消えます。

絵馬といえば、今でも合格祈願などを書いて神社に掛ける風習が残っていますが、昔は雨乞い日乞いの

『絵馬』女体。中央が後シテ［撮影・岩田アキラ］

農耕儀礼として、本物の馬を奉納していたようです。後にそれが生きた馬から板に馬の絵を描いたものに変わり、願い事も多様なものになっていきます。

後場は一変して、天照大神（後シテ）がツレ二人を従えて登場し、天の岩戸の神話に沿って、シテが神舞を舞い、ツレがそれぞれ神楽を舞って、舞台は豪華絢爛な神話の世界となります。

この後場の演出は各流いろいろあり、喜多流も例外ではありません。常は後シテが男神で、二人のツレは天女です。シテは面「東江」をつけて現れ、荒々しく神舞を舞った後、二人の天女が神楽を相舞し、シテを岩戸の作り物から引き出す演出となります。しかし、詞章には「手《た》力雄《ぢからお》の明神引き開け」とあり、天の岩戸伝説でも、力持ちの手力雄命が岩戸を引き開いていますから、このシテツレが天女二人では詞章にも伝説にも合わないことになります。

この不自然さを解消したのが、喜多流のもう一つの演出、小書「女体」です。こちらは後シテの天照大神が女神となって女姿になり、女ツレ・天女＝天《あまの》鈿女命《うずめのみこと》と男ツレ・力神《りきじん》＝手力雄命を従えての登場となります。

シテは女面（小面や増女）をつけ、スピードある神舞を舞います。狭い視野を強いられるなかで、修練した高度な技と役柄としての貫禄、この二つを必要とし、流儀では重い習いとされています。続いて天女の神楽、途中から力神の急之舞が舞われます。

実はこの小書は囃子方泣かせで、シテの神舞五段に続いて、天女の神楽、力神の急之舞と変化に富んでいるため、これらを囃すには達者な顔ぶれが揃わなくては成立しません。

この「女体」の小書で天の岩戸隠れの神話に沿ったものになります。神話では、悪神を懲らしめようとして、天照大神が天の岩戸に籠もって、日月二つの御影を隠して国土を常闇にしてしまいます。神々はこれを嘆き、相談して、外で皆で楽しんでいれば、きっと天照大神も外を見たくなるだろう、そして岩戸を少し開けたとき、力持ちの手力雄命が岩戸を引き開ければ……と、相談し仕組みます。このときの注意を誘う天鈿女命の舞が、お臍を出しながら色っぽい艶ある舞で、神々が喜んだと、古事記にも書かれています。天鈿女命の意表をつく舞で、神々が笑い、何だろうと天照大神が岩戸を開け、めでたし、めでたしとなり、その後は国土光明開け、天下泰平となるのです。このときの舞が日本の音楽のはじめ、神楽のはじめと言われています。

世阿弥も「風姿花伝」の「神儀云」で、申楽のはじまりは、この天の岩戸隠れのときの八百万の神々が神楽を奏し舞ったものであったと高らかに宣言しています。

「中にも、天の鈿女の尊《みこと》、進み出で給ひて、榊の枝に幣を附けて、声を挙げ、火處《ほどろ》（神祭がたく火）焼き、踏み轟かし、神憑りすと、歌ひ、舞ひ、かなで給ふ。その御声ひそかに聞こえければ、大神、岩戸を少し開き給ふ。国土また明白たり。神たちの御面《おんおも》、白かりけり。その時の御遊び、申楽の始めと云々」

申楽は神々がいきいきと遊ぶ、神話の時代からのものだと宣言し、自分たちの芸を誇り高く伝えたいという世阿弥の心意気が感じられます。天照大神が出てきて国土が明るくなると、神々の面が白くなったという表現も興味深いところです。世阿弥が面白ろの芸を目指したことが、この辺からもうかがい知ることができます。

能という芸能は、五穀豊穣や天下泰平などを願う神事や神々の遊びからスタートし、それを色濃く残す曲があるということです。舞尽くしの『絵馬』もその一つ、それらを無条件に楽しむのもよいのではないでしょうか。

## 女神が美しく舞う『三輪』『葛城《かずらき》』

神様が主人公となる能をもう少しご紹介しましょう。神様は神様でも美しい姿の女神がシテとなるものとして、『三輪』や『葛城』を上げることができます。『三輪』はよく演じられる秋の代表曲。『葛城』も大曲というわけではありませんが雪景色を背景にした美しい能です。

二曲とも、女性がシテとなることから女物（三番目物）のようであり、しかし神様がシテなので神能（初番目物）の風情もあって、どこの範疇に入れるかは難しく、準脇能とか準三番目物と言われることもあります。能の五つの分け方は便宜的なもの、多様な能にはそこに納まりきれないものもあります。あまりこの分け方にとらわれず、ここでは女神の能を味わってみましょう。

これらの曲に共通することは、シテが神様なので、舞台となる場が今も神が宿ると思わせる神仙の地であることです。『三輪』の舞台は万葉集の時代から歌われた「三輪山」、今も大和の時代そのままの風情をたたえています。『葛城』の舞台となる「葛城山」は古くから修験霊場で、金剛山をはじめとする連山を指し、雄大な自然が息づき、神を宿す趣きです。その舞台装置に、原初の神を立たせると実によく似合い、観るものを神話の世界や、神と人間の交歓する太古の何かなつかしい世界に運んでくれます。

『三輪』神遊。後シテ［撮影・吉越研］

『三輪』は三輪山麓に庵を結ぶ玄賓僧都（ワキ）のもとに毎日、花水を手向けに来る女（前シテ）が登場します。女はいたずらに年月を送った身を嘆き、「罪を助けてたび給え」と救済を願い、やがて僧に衣を賜りたいと頼みます。衣をもらった女は帰り際に住処を尋ねられると、「わが庵は三輪の山もと恋しくはとぶらひ来ませ杉立てる門」（古今和歌集）

の歌をひいて、「杉立てる門を訪ねよ」と言って消えます。

玄賓僧都が三輪山に参詣すると、杉に与えた衣がかかっています。見ると、衣に金色の文字で御神詠が書かれていました。読み上げると、杉の陰から三輪明神（後シテ）の声が聞こえてきます。「神も人間同様に罪を背負っている」と嘆き、神代の昔物語として神婚説話を語り（クセ）、天照大神の天の岩戸隠れの伝説を神楽で再現して見せます。そして伊勢の神（天照大神）と三輪の神は本来一つであるが、衆生を救うために別々の姿で現れていると告げると、夜も明け始め、僧の見た夢は醒め、終曲します。

このように、三輪明神の御歌あり、神婚説話の男女の恋物語あり、天照大神の天の岩戸隠れの伝説あり、伊勢と三輪の一体分身説ありで、盛りだくさんです。シテの三輪明神は本来男神ですが、「女姿と三輪の神」と詞章にあるように、女姿です。神婚説話の、素性を明かさず夜しか来ない男（実は三輪明神）との悲恋を嘆く女の立場のようでいながら、三輪明神の男の立場のようでもあり、天の岩戸伝説の天照大神のようでもありと複雑な神姿です。

この複雑な神の役をどのように演じればよいのか、そんな素朴な疑問を抱いてしまいます。女姿ですから艶やかに、天照大神ならば堂々と、などといろいろ考えますが、結局、能役者が修得した謡と型から観る方にご自由に想像していただく、これに落ち着くような気がします。型として清麗なものを、そして神楽を厳かに華麗に舞うことを第一にするしかないように思います。

後場、ワキの玄賓僧都が訪ねて来た後、作り物の中から謡う「ちはやふる、神も願ひの有る故に、人の値遇に逢ふぞ嬉しき」の謡が難しいところです。引廻し（作り物を包んでいる幕）が張られた作り物の中から謡うため、声が籠もり聞こえづらくなるので高音で張りのある謡が心得です。ワキが「妙なる御声聞こえさせ給ふぞや。（中略）御姿を拝まれおはしませ」と願い、感涙に墨の衣を濡らす場面ですから、そのように感じさせる謡いぶりに苦心します。

後場も後半、天の岩戸伝説が始まり神楽の舞となりますが、岩戸伝説の詞章は『絵馬』のところで引いた、世阿弥の岩戸伝説とほとんど同じ内容で、原初の神や神楽、能の原点に帰るようです。

一方の『葛城』は葛城山を舞台として、古今和歌集から「しもと結ふ葛城山に降る雪の間なく時なく思ほゆるかな」をひき、間なく時なく降る真っ白な雪景色と、そこで出会う山伏達（ワキとワキツレ）と里女（前シテ）の温かい交流の場から描かれます。「しもと」とは細い枝のことで、これを薪として暖をとるものです。女は雪に苦渋する山伏たちを自分の庵へと誘います。火をくべ暖をとらせて休ませると、女は自らの苦悩を語り、実は葛城山の化身であると明かします。化身は役《えん》の行者《ぎょうじゃ》に葛城山と吉野の金峰山を結ぶ岩橋を架ける工事を命じられたが、顔が醜いことを苦にして夜しか作業をしなかったので、ついに役の行者に怒られ蔦葛で呪縛されて苦しんでいると語り、救済を求めて姿を消します。後場は葛城の女神（後シテ）が現れ、ここを高天原とみなして、「神楽歌始めて大和舞、いざや奏でん」、「高天の原の磐戸の舞」と舞い、やがて顔が醜いので恥ずかしい、明けぬ前にと夜明けと共に姿を消して終曲します。

『三輪』では「罪を助けてたび給へ」と救済を求めますが、神の罪とは何でしょう。神は衆生の罪をかぶっているとも言われますが、神の罪が何かははっきりしません。その点『葛城』は、顔が醜いこと、そのために岩橋の工事を夜しかせず怒られて呪縛の苦しみを受けている、と具体的で、神も人間界と同じ苦悩がある、人間味ある神様として描かれます。しかし、後シテの葛城の女神の面は「増女」で美しく、装束も綺麗で美しいものを着用します。とても醜い女神を想像することはできません。この女神の悩みは、太っていないのに痩せたい、美形なのに顔をいじりたがる、そのような欲張りな、または錯覚というほどの、まさに今の若い女性に多くある現象に似ている悩みなのかもしれません。

『三輪』も『葛城』も悩みがあって救済を求める神の設定ですが、さほど深刻ではないように思わせるところが能の特徴で、能の面白さではないでしょうか。ご覧になる時は、曲全体として、女神の気高さと色模様を含む神話の豊かさ、流麗な型と躍動感あるリズムを楽しんでいただき、艶やかで、太古の大らかな原初の神々を想像し味わっていただければ、と思います。

## 原初の神々には「神楽」が似合う

『三輪』の岩戸伝説の場面の舞は神楽であり、『葛城』の後シテの舞は、常は序之舞ですが、小書「神楽」がつくと神楽になります。私は原初の神々の物語には「神楽」が似合うように思います。

能『三輪』の詞章には「隠れし神を出さんとて、八百万の神遊び、これぞ神楽の始めなる」とあり、わが家の伝書にも「それ神楽の始は、昔、日神天の磐戸に引籠もり給ふ時、諸神集会して神事あり……」と天照大神が籠もった天の岩戸の前に神々が集まり神事をして慰めたときの天鈿女命の踊りから神楽が始まったとあります。まず神々が手拍子を始め、ばらばらだった手拍子がひとつのリズムにまとまり、そこに掛け声や口笛が吹き込まれ、そのうち足拍子も入り、身近なものを叩き始める。そしてメロディが出来上がり音楽となる。このようなリズムに合う原始音楽は単純でありながらも、何となく身体に躍動感を持たせてくれるリズムの音です。これが神遊びと言われ、「神楽」の起こりとなり、能の「神楽」へ導入されるようになったのではないか、と私は推測します。

『葛城』の後シテの舞は、通常の「序之舞」では女体の葛城明神がしっとりと静かに山伏に舞を見せる演出ですが、「神楽」になると、神事的、儀式的な宗教性が重視され、尚かつリズムは小鼓が八拍子の一拍ずつを等間隔に連打することにより、非常に乗りのよい音楽になり、より呪術的な雰囲気を感じさせてくれます。この単純なリズム、また、単純であるからこそ、誰にでも音に慣れ、馴染み、次第に乗ってきて楽しくなる、「神楽」はそんな音楽なのです。

『葛城』神楽。後シテ［撮影・青木信二］

## 獅子舞物

喜多流で獅子舞が登場するのは『石橋』と『望月』の二曲だけです。どちらも獅子舞があることで重い扱いをされています。

しかし、両者は全く違う趣向のものです。『石橋』は一人獅子もありますが、親子の獅子が、白頭の親獅子と赤頭の子獅子となり、一畳台の上で勇壮に飛び跳ね、舞を魅せる祝言性の高い能です。一方の『望月』は仇討ちを遂げようとする主従の緊迫した状況の中で、相手をもてなし油断させるための余興としての舞です。

『石橋』が赤頭や白頭に獅子の面をつけるのに対して、『望月』は赤頭ながら、直面に覆面をして唐織厚板の装束をかぶって登場し、シテ自らが両袖に両手を通して舞う座敷舞的なものです。

## 作り物：一畳台

作り物の一畳台は広さが一畳ほど、高さが八寸（約二十四センチ）ほどの木の台で、玉座や橋、山などいろいろなものを表します。役者がこの上で演技したり舞ったりするので、それに耐えられるように丈夫に作られていて、曲趣に合わせて布（台掛）で覆います。

『石橋』の一畳台は牡丹の花で飾り橋をイメージ、獅子が橋に上がったり下りたりして勇壮な獅子舞を演じます。『小鍛治』の一畳台には注連縄が張られ、刀剣を作る鍛治場になります。

さらに、『邯鄲』では四隅に柱を立て「引立大宮」という大宮の作り物にもなります。最初、その作り物は、盧生という若者が人生に迷い旅に出て一夜の宿をとるときの寝所になりますが、その後、楚国の王位を譲られる夢の世界では宮殿となります。

『項羽』の後場に登場する一畳台は項羽の愛妃が飛び降りる高楼にも、また揚子江との境界とも考えられます。四方に目印となるものがない一畳台は、四隅に柱のある『邯鄲』とは違い、広さが見えないので、演者にとっては非常に危険を伴います。

また、一畳台に紅葉を飾った塚を置く『紅葉狩』、土蜘蛛の塚を置く『土蜘蛛』、二つの大きな石を置く『殺生石』などもあります。全て、観る方の想像力を高めるための一つの手段・手法なのです。

# 第二章　男

## 亡びる者への鎮魂と風流

修羅能には平家の公達を主人公にしたものが多くあります。世阿弥の時代は平家物語が巷で多く語られ、多くの人たちが近しいものに感じていたでしょう。軍体の能は「平家の物語そのままに書くべし」と世阿弥が言うように、平家物語を題材にし、それを能という戯曲に創り上げていった、当時の能作者の力量には感心させられます。

平家物語が「祇園精舎の鐘の声、諸行無常の響きあり」をテーマとしたように、平家が滅び、公家社会から武士の時代へと移り変わる、まさに無常の世の中でした。「平家にあらずんば人にあらず」とまで栄華を極めた平家も、いつか亡び、世の中に常なるものはないということを、当時の人々は実感させられたことでしょう。無常の哲学と亡びの残酷さを見たのかもしれません。

能は亡び行くものや現世で思うように生きられず無念に死んでいった人々の鎮魂の芸能という側面があります。能は成功者を描くことは少なく、闇の中でもがいた人に光を当て、その思いを聞き、魂を鎮め、仏果によって救う物語が多くあります。それは、さまざまな苦しみにさらされ、もがいている現代人にも通じるものです。普遍的なテーマを扱うからこそ、能は六百年以上も生き続けているのでしょう。

なかでも平家物語を題材にした能は、亡びの残酷と鎮魂を扱いながら、どこか風流な趣があります。世阿弥が「風姿花伝」で「源平など名のある人の事を花鳥風月に作り寄せて」と書いているように、戦に敗れて苦しむだけでなく、和歌や管絃への執心を抱えるなど、なかなか風雅で、そこも見どころです。能『敦盛』なら笛、『経政』なら琵琶、『忠度』なら和歌への執心がテーマとなり、それぞれに文化的、芸能的な香りをたたえています。それは平家の公達が、源氏と並び武士のはしりだとしても、無骨な武士とは違い、どこか公家的な文化、教養を身につけた、和歌や管絃の担い手でもあったからでしょう。

世阿弥も能を戯曲するときは歌道が大切で多く用いよと述べています。随所に珠玉の和歌を散りばめ、美しくめりはりのきいた詞章は、現代の私たちが読んでもとても快いものです。このように能を通しても、和歌を芯にする日本文化が、どこか日本人の心の底に脈々と生き続けていることがわかります。

## 『忠度』と『俊成忠度《しゅんぜいただのり》』での和歌への執心

高校生のときに、舞囃子で『忠度』を舞うことになり、父に「『忠度』はどんな曲?」と聞いたことがありました。「どのような心持ちで?」と偉そうに聞いたからか、返ってきた言葉は「薩摩の守! ただ乗り! 無賃乗車!」。一瞬シラケ、年齢不相応の質問をしやがってと思ったのだろうと、それで会話をやめたことがありました。もちろん、「薩摩の守!」は笑いながらで、叱られたわけではなかったのです

『忠度』後シテ［撮影・吉越研］

が。『忠度』は高校の教科書にも取り上げられ、「忠度＝ただ乗り」などと親しみ記憶している人もあるかもしれません。

さてその忠度を主人公にした能は二曲あります。世阿弥作の『忠度』と内藤河内守（細川家の武士）作の『俊成忠度』です。前者がシテ方能楽師にとって二、三度は演じたい憧れの名曲なのに対して、後者は少年期の稽古能としての扱いで、上演時間も『忠度』が一時間三十分から四十分かかるのに対して、『俊成忠度』は四十分程度で終わる小品です。しかし、どちらも忠度の都落ちの悲劇と和歌への執心を戯曲し、それぞれに味わいがあります。

平忠度（一一四四～一一八四年）は平忠盛の六男、清盛の腹違いの末弟で、母は歌人として有名だった藤原為忠の娘。母を早く亡くした忠度は熊野の豪族に預けられ、武勇を身につけながらも、母の血筋を受け継ぎ歌人としても活躍し、文武両道を極めた優れた武将として名を残しています。

平家物語で忠度のことは「忠度都落」（七巻）と「忠度最期」（九巻）に記されています。寿永二（一一八三）年に木曽義仲軍に攻められ平家一門は都落ちしますが、そのとき忠度も同行します。途中で都に引き返し、和歌の師である藤原俊成卿（藤原定家の父）の邸宅を訪ね、自分で詠んだ百首あまりを巻物にして持参し、勅撰和歌集に入るにふさわしい歌があれば、たとえ一首でもよいから入れてほしいと嘆願します。俊成卿が快く承知してくれたので、喜び勇んで西に落ちていきます。俊成卿は後に「千載集」の編纂に当たり、約束通り忠度の歌を一首選びますが、忠度が朝敵となったため、名前を明かさずに「詠み人しらず」としました。忠度は一の谷の戦いで奮戦しますが、右腕を切り落とされ、源氏方の武将・岡部六弥太忠澄に討たれ、四十一歳で最期を迎えます。そのとき忠澄は箙《えびら》（矢を入れる道具）に歌が書かれた短冊を見つけ、忠度と書かれていたので、猛将を討ち取ったと大いに喜んだといいます。

ここに忠度の歌が二首掲げられています。

「行き暮れて木《こ》の下陰を宿とせば、花や今宵の主ならまし」

（旅をするうちに日が暮れてしまいそうだ。桜の木陰を宿とすれば、花が今宵の主ということになるなあ）

これは、忠度の最期に短冊に書かれていた歌で辞世の句です。

「漣《さざなみ》や志賀の都は荒れにしを、昔ながらの山桜かな」

（志賀の古い都、今はすっかり荒れてしまったが、山桜だけは昔ながらに美しく咲いている）

こちらが、千載集に詠み人しらずで取り上げられた歌です。

能『忠度』は後場で忠度の霊（後シテ）が出て、千載集に詠み人しらずになったことへの執心を語り、やがて岡部六弥太に討たれる最期の戦語りを加えますが、前場から一貫して流れるのは「行き暮れて……」の歌です。

前場は俊成ゆかりの僧（ワキ）が須磨の里にやってくるところから始まります。そこに一本の桜の木があり、立ち寄って眺めようとすると、老翁（前シテ）が現れ、須磨の浦のわびしい暮らしを語り、「この桜はある人の跡のしるし」、手向けのために通っていると話します。やがて日が暮れ、僧が一夜の宿を頼むと、「この花の陰ほどのお宿があるだろうか」と「行き暮れて……」の歌を詠じ、この歌の主がこの苔の下にいる、痛わしやと、ほのめかします。ワキの僧は、はたと忠度のことに思い至り、弔うこととなります。

そして後場になり、僧が読経をしていると忠度の霊が現れますが、今述べたように、前場で霊が現れるまでの物語が豊かに暗示的に繰り広げられるのが能の能たるところです。そして、戦語りの最後に短冊から出てきた辞世の句として再び「行き暮れて」の歌が歌われます。終曲は「花は根に帰るなり。我が跡弔ひてたび給へ。木陰を旅の宿とせば花こそ主なりけれ」で、花は根に帰るなりと、忠度の霊は安息の地に帰っていったと安堵させられます。そして観る人も、もし人生に行き暮れることがあっても、花を宿とすれば、花が主となって慰めてくれるという深々とした思いに包まれるのではないでしょうか。

詠み人しらずになり、執心の元になった「漣や」の歌は一度も登場しないのに、歌への執心を晴らす思いが伝わってきます。私は昔、詠み人しらずになった歌は「行き暮れて」のほうなのかと誤解していましたが、能『忠度』は世阿弥があえてこの歌を中心にして、春の桜の花の美しく暖かな雰囲気に包み込んで、名曲といわれる能に仕立てたのだと改めて感心させられます。

一方の『俊成忠度』は一の谷の合戦の事後談のような形で始まります。忠度を討った岡部六弥太（ワき）が、忠度の辞世の句が書かれた短冊を持って俊成卿を訪ねます。俊成はそこに書かれた「行き暮れて」の歌を静かに朗詠し、文武二道に優れた忠度を讃え、成仏を願います。そこに忠度の霊（前シテ）が現れ、詠み人しらずになったことへの執心を述べます。俊成は「それはもっともなことだけれど、朝敵になった者の名を出すのは憚りがあった。しかし、この歌があれば、あなたの名前は隠れようもない。安心しなさい」と話し、「漣や」の歌を詠い、この歌は永い誉れを遺す詠歌であるからと諭します。すると忠度はあっさりと納得し、俊成との歌物語に移っていきます。「八雲立つ出雲八重垣妻籠めに」という歌の始まりから、人丸、紀貫之等まで永く伝わる歌の道まで、二の同（二番目の地謡）から、サシ、クセ、そしてキリの後半とすべて歌の賛美です。「千載集」云々というよりは、和歌の宣伝マンとして、忠度はあの世から俊成の前に現れ、聴衆相手に和歌賛美を訴えているように見えます。

『俊成忠度』［撮影・青木信二］

そして後半、「カケリ」のあと、忠度の景色が変わり、修羅王や帝釈の鬩《せめ》ぎ合いと忠度の修羅道の責め苦が描かれますが、やがて「ややあって漣や」とシテ謡から、テーマの歌が謡われ、この功徳によって修羅道の責め苦から免れ、春の夜は白々と明けて、修羅王も帝釈も忠度の霊も消えて終曲します。

歌に対する執心や歌への賛美、こういうものが大きなテーマになるのは、時代背景があってのことかもしれません。歌は日本文化の源であり、重要視されてきた歴史があります。今では、なぜそれほどまでに歌に執着するのかと不思議に思うかもしれませんが、文学や芸能に携わる人なら、その心、通じるところがあるのではないでしょうか。

歌人はその生涯を閉じても、すぐれた歌は後世まで読み継がれ消えることはありません。そして歌人の名前も残せます。忠度は「漣の」の歌を詠み人しらずと書かれたおかげで、このような戯曲が作られ、その名を後世に残せたのかもしれません。今の世にも語り継がれていることを、忠度はきっと想像だにしなかったことでしょう。

能も同じかと思いましたが、名人と言われる能楽師の役者名は残せても、その舞台は決して戻ってきません。ビデオで撮っておけばと言われそうですが、生の舞台の息吹までを残すことは、残念ながらできないのです。演劇は舞台そのものを生で見て、そこになにかを感じ取ることに重きをおきます。まさに一期一会なのです。そんな気持ちを大事にして一回一回の舞台を精一杯勤めています。

### 『清経』の貴公子と妻の情愛

平家の若武者をシテにした物語に『清経』があります。敗戦色濃い平家の行く末に絶望し、自ら入水して果てる貴公子・清経。弱冠二十一歳でした。その心の内と家で待つ妻との情愛を描き、名作といわれる世阿弥作の能です。

物語は清経に仕えた粟津三郎（ワキ）が遺髪を携えて妻（シテツレ）を訪ねるところから始まります。迎える妻にどう報告したものか逡巡するワキ。問い詰める妻に、ついに事の真相を告げます。遁世でもない、討たれたのでもない、病の床についたのでもない、自ら命を断ったのだと知ると、妻は戸惑い、嘆き、怨みで、心は乱れ、悲しみに打ちひしがれます。

ワキが、船中に残されていた遺髪を持参したと差し出すと、妻は、

「見る度に心づくしの髪なれば、憂さにぞ返す本の社へ」

と謡い、中将殿（清経）の黒髪を見れば一層つらくなるから返すと語ります。

そして妻は涙と共に床につき「夢になりとも見え給へ」と願いますが、なかなか寝付かれません。これだけの状況設定をした後に、まどろむ夢枕に清経の霊（シテ）が現れます。夢幻能といわれる能ではワキの僧の夢にシテが現れることが一般的ですが、『清経』では最愛の妻の枕辺に現れるのが特異で、夫婦の情愛の深さを描き出します。

『清経』音取［撮影・石田裕］

シテは「げにや憂しと見し世も幻、つらしと思う身も夢」と謡い、さらに、「うたた寝に恋しき人を見てしより、夢てふものは頼みそめてき」と小野小町の歌を謡い、「いかに、いにしえ人」と妻にやさしく呼びかけ、清経がやってきたことを告げます。

ようやく夢枕に会えた夫と妻は、しかしお互いの怨みごとを言い合います。妻は自分をおいて自ら命を捨てた怨み、夫はせっかく贈った形見の髪を返す怨み。この緊迫した言い合いの後、夫の清経は入水に至る心の内を語り始めます。戦のつらさ、宇佐八幡に参詣し祈ったが、「世の中のうさには神もなきものを、何祈るらん、心尽くしに」(このような平家の状況になっては宇佐の神もどうしようもできないのですよ。それなのに何を祈っているのですか)との神託、もう神にも見放されたのだと、一門の行く末に絶望し、つらい憂き世に永らえるよりは思い切って……と。

「船の舳板に立ち上がり、腰より横笛抜き出し、音も澄みやかに吹き鳴らし、今様を謡ひ朗詠し」と、平家の貴公子らしい亡びの美学。「西に傾く月を見ればいざや我も連れん」と、西方浄土に連れて行ってと願い、南無阿弥陀仏とただ一声を最期に入水して果てます。その後は修羅道の責め苦に会い、「仏果を得しこそ有り難けれ」で終曲します。

夫婦の情愛と、運命に翻弄され自ら命を絶たなければならなかった若き平家の貴公子の物語。私はこの曲『清経』を研究公演(平成十一年十一月)で小書「音取」で勤めました。音取とは、今様の朗詠の前に横笛で音を定めることを言うようですが、「音取」は清経が入水するときの様子からも発想でき、この曲を象徴的に表現するには似合いの小書です。私はここを笛の名人一噌仙幸師とご一緒したく、お願いして実現することができました。

小書「音取」はシテ（清経）の登場から「うたた寝に」の小野小町の歌を謡うところまでの演出に違いがあります。常のシテの登場は橋掛りより舞台まで地謡に合わせて出ますが、「音取」では橋掛りの歩みを笛の音と呼吸に合わせて、思いを込めて運びます。地謡の「夢になりとも見え給へ」で、笛方は本来の笛座から舞台地前まで進み、幕を受け（幕の方に向き）、静かにひとり譜を吹き始め音取の世界に入ります。シテは笛の断続的な特別の譜に合わせ、笛が止まればシテも静止する、聞こえれば又動くというように、死後の世界より妻の思い寝の夢の中へ、自分が好んだ笛の音と共に運ぶ（歩む）というものです。最後シテが橋掛りから本舞台に入り笛の音がやむと「うたた寝に」と小町の歌を謡い妻に呼びかけます。笛は流儀により多少吹く長さが異なり、その音色は不思議に同流でも微妙に違って、個性が充分発揮されるところです。いずれにしても「音取」は静寂な舞台空間の中で、笛一管とシテの運びの共演が見どころと言えるでしょう。

さて、シテはこの音取をどのようにして勤めたらよいものか。笛との呼吸の合わせ方を、先人は手向けの笛に引かれる心を充分に感じて歩むのだ、などと言われますが、難しいものです。いろいろ資料を見ていく中で、一つ気になるキーワードを見つけました。それは森田流の心得にある「音取ノ出様ハ妻恋ノ鹿の心……」です。鹿という動物は夫婦仲が良く、遠く離れていても、雄が雌に向かって鳴くと雌もそれにこたえて鳴くそうです。尺八の曲に、深山幽谷に呼び交わす雌雄の鹿の鳴く音をテーマとする、琴古流本曲「鹿の遠音」があります。尺八二管が雌雄の鹿のように奏で合うもので、官能的で大変面白いものです。

『清経』音取。再演［撮影・青木信二］

『清経』の音取はこの響き合いに似ています。つまり、笛の音は清経という男の叫びであり、それを受ける妻の心情であって、音取はそれを一管に託した演出であろうと思われます。このように思うと、演ずる心のよりどころを一つ摑めたようで、運び（動き）やすくなりました。その後、夫婦は互いに恨み言を言い合うことになりますが、夢幻での再会はやはり美しく演出されなければならないと思います。

能を勤めるとき、面や装束の選択は重要です。清経の面をどうしたらよいか。忠度、通盛、経政、敦盛、彼らはみな合戦で勇敢に戦って殺され、亡び行く者の中に死の美学さえ感じさせる武者たちです。ところが清経は平家の将来を憂えて、戦わずして身を投げ修羅道に落ちたのです。戦わず心弱く死んでしまった者の顔は、立派に戦った武者の顔とはどこか違うのではないか。かといって、自ら死を選ぶ者の顔は決して弱いのではなく、逆に一番強い苦悩がにじみでているものでなければならない、などと思っては、粟谷家蔵の中でいつも悩んでしまいます。

清経は平重盛の三男、重盛の一族は小松殿と呼ばれ、内省的な家風があったようです。源氏方から追われ、身内からも孤立し、そして神からも見放され、そのような中での清経の深い孤独感、苦しみ等、選んだ面を見ては、清経二十一歳の苦悩を思い浮かべました。

ところで、能『清経』は戦わずして身を投げるのでは武人の士気にかかわると、江戸時代、藩によっては演能が禁じられたところもあったようです。今でも宮島・厳島神社での神能では舞台に乗せられない慣習になっています。江戸時代の流れを汲むものでしょう。しかし現代、『清経』は人気曲の一つでよく演じられます。平和な時代がこういう武将の物語を受け容れられることになったのでしょうが、人気なのは何よりも、詞章の美しさにあると思います。平家物語では清経に関する叙述はわずか数行、それを世阿弥があれだけの名文でつづり、ひとつの物語として完成させたのです。謡い上げ、舞い上げる中で、亡び行くものに花を咲かせること、これが役者の仕事ではないかと思っています。

## 『頼政』の思い通りにいかない人生への鬱屈と爆発

源頼政といえば、以仁王に謀反を勧め諸国に散らばる源氏に平家追討の令旨（王、皇族の出す命令）を出させた人物として記憶している人も多いでしょう。頼政は以仁王と共に挙兵しますが、あっけなく平家方に亡ぼされ、以仁王は敗死し、頼政も宇治の平等院で自害して果てます。これが治承四年の宇治川の橋合戦です。

『頼政』という能は、この老武者・頼政の最期を中心に世阿弥が戯曲した修羅能です。この能の終曲に謡われる頼政の辞世の句は次のようなものです。

「埋もれ木の花咲くこともなかりしに、身のなる果てはあはれなりけり」

『頼政』後シテ［撮影・三上文規］

（埋もれ木が花咲くこともないように、自分の人生も花咲くような華やかなことがなかったなあ。最期のときもあわれなことだ）

このような辞世の句を残す頼政はどのような人生を送った人なのか、なぜ、以仁王に平家追討の令旨を出させるという大胆な行動に出たのか、知りたくなります。

頼政は平治の乱では源氏でありながら平清盛につき、源氏の滅亡を見ながら生き延びるという複雑な立場でした。それ故か武勲を積んでも思うように認められず、なかなか昇殿を許されない不遇をかこっていました。

そんな頼政があるとき「人知れず大内山の山守は、木隠れてのみ月を見るかな」と歌を詠みます。月は帝を意味し、宮中の警護係だった頼政は遠くから月を見ているという、やや皮肉めいた歌ですが、この歌が評価され、昇殿を許されます。また、四位からなかなか昇進しない身を焦れてか、「上るべきたよりなき身は木のもとに、椎を拾いて世をわたるかな」と詠うと、ようやく三位に昇進します。「椎を拾いて」の「椎」は「四位」に掛けているのは言うまでもありません。

頼政は歌に優れていますが、このように上昇志向も強い武将だったようです。三位といえばそこそこよい身分と思いますが、それに満足できず、また不遇の時期が長かったことから、鬱屈した気持ちが折り重なっていたように思われます。

頼政が登場する能に『鵺《ぬえ》』があります（五章参照）。これは宮中を騒がす化生の物、鵺を退治する話ですが、重要な戦に手柄を立てるならいざしらず、化け物相手の武勲では到底満足できなかったでしょう。

そんな頼政が七十五歳とも七十七歳ともいわれる老人になってから、以仁王に謀反を勧め挙兵するのです。なぜなのか。それまで不遇の身をかこちながら耐えてきた人なら、本来動かぬはずです。しかし事を起こしてしまったのは、息子仲綱が平宗盛に辱めを受けたからです。父頼政はこのとき仲綱をなだめ愛馬「木の下」を差し出させますが、時すでに遅く、わがまま宗盛は馬の尾とたてがみを切り、尻に「仲綱」の焼印を押して放ってきます。戻ってきた愛馬の哀れな姿が、頼政にはきっと自分自身にもまた源氏一統にも見えたのではないでしょうか。遂に自らの怒りの心に火をつけてしまいます。

それにしても子供の喧嘩に親が出るのは愚かということになりますが、親になってみるとこの気持ちがわからないでもなく、ましてや、我慢を積んでいる人にとって、自分より身内や家名をけがされたことが発火点になることはよくあることで、頼政も武門の恥を雪がんと奮い立つわけです。しかしこの事件は引き金であって、謀反の原因のすべてではないことは明らかです。七十代半ばを過ぎて死に場所を失っていた頼政という老武者に、平家を裏切るという、これほどの決起をさせたのは、今までたまりにたまった感情の爆発であり、最後に一花咲かそうとの男気だったのではないでしょうか。

もとよりこの反乱、清盛に漏れ知られ、情勢はたちまち不利となり無念の最期となります。この数々の鬱積した不運を頼政という人間像に包み込んで演ずるのが能『頼政』です。

能『頼政』は旅の僧（ワキ）が登場し宇治までやってきて、里の老人（前シテ）に出会います。そしてワキの「名所旧跡を教え候へ」に対して、シテは「卑しき宇治の里人なれば～」と名所旧跡など知らないとひねくれた答え方をします。そのうち、喜撰法師の庵はどこか、槇の島、小島が崎はどこかと次々に聞かれて、肝心の平等院のことをなかなか聞いてくれないのに苛立ち始めます。そしてついに自分の方から、宇治の名所といえば平等院ではないかと言って案内し、頼政が自害した扇の芝の説明を始めます。この何でもないようなやりとりの中に、頼政の思い通りにいかなかった一生や、この世への執心が象徴的に表現されていなくてはつまらないと思います。

中入り後、事の引き金となった愛馬の話から挙兵し自害するまでを間狂言（アイ狂言）が語ります。私はここを聞くのが好きで、地謡のときは先人の上手い語りに心をときめかせ、シテを演じるときには、この語りを心の高ぶりや怒りの基盤にしています。

後シテ（頼政の霊）はこの間狂言で語られたものを背負って登場し、宇治川の橋合戦の、仕方話（写実的な動作を伴う話）へと繋がっていきます。地謡が宇治川の急流を謡いあげるなか、型も充実し、よい見せ所となります。修羅物を演じるときは、役者は命をかけて戦っている様や、その戦慄を舞台に表現できなくてはいけないといわれます。地謡でもシテでも『頼政』に触れるたびにこの言葉が思い出されます。これが芸能の課題でもあるのです。

最後「兄弟の者も討たれければ」と、息子達もすでに討ち死にしたと知るや、ここで敗戦を認め自害を決意します。子供がいない戦はもう意味をなさなかったのかもしれません。私は頼政の親としての心情を思い演じています。

後シテの面は「頼政」という専用面を使います。目に金環が施され、この世の人ではない、修羅の巷での強い怨念を表した面です。老いてなお現世に執着する、生臭い執念のようなものを感じさせます。ゆえに、後シテは老人といえども、老人らしくとは演じず、ただひたすら強く強く演じるのが心得となっています。

修羅能でシテが老人であるのは『実盛』と『頼政』の二曲だけですが、実盛が、謡では「六十に余って戦をせば」とあり、六十何歳かで写実的老体の演技を求められるのと対照的に、頼政は七十七歳でありながら年齢を超越した強い執心を描いたところに作者世阿弥の思いがあるようです。能はこの世に強い思いが残っている者を選んで描いていますが、その選ばれた人々の思いを演じ伝えることが能楽師の役割、使命だと思います。

それにしても、橋合戦であっけなく破れ自害する頼政ですが、その戦を引き金とするように、時代は大きく動いていきます。橋合戦と同じ年に源頼朝や木曽義仲が挙兵し、平家は富士川の合戦で破れると、雪崩を打って滅亡へと突き進んでいきます。このような時代がすぐそこまで来ていることも、自らの行動が平家滅亡の先駆けとなったことも知らず、辞世の句に象徴されるように、頼政は無念の思いでこの世を去りました。歴史の皮肉とでもいうべきでしょうか。

## 『実盛』の人生の幕引きへの切ない美学

老人をシテとしたもう一つの修羅能『実盛』を見てみましょう。老武者の執心を描く大曲で、私はかねてから夢・憧れを抱いていました。前場は老人の独唱が大半を占め、後場は老体であるが型所が多く、その動きの中に老武者の心情を入れなければならないため、若い演者には手も足も出ない難曲と言われています。それを敢えて四十代で勤めておきたいと、研究公演発足のころから計画し、平成十二年十一月の研究公演で実現しました。四十五歳でした。

若い人が老体を演じるのが難しいと言われる要因は、老体の身体なり動きになりきれないことがありますが、もっと本質的なことは、実盛の霊である尉の謡が謡えるかということにあると思います。声の質や発声を、老体らしく工夫することは当然必要ですが、それ以上に、実盛という人物像をどのように理解し、謡の意味するところを明確に把握し、自分のなかで消化してイメージするか、だからこう謡うのだという裏打ちされたものが必要です。それが言葉の強弱や張り、位に反映し、強い訴えかけになっていくと思います。

そこで私はまず「実盛の執心とは何だったのか」を考えてみました。「老武者とて人々にあなずられんも口惜しかるべし、鬢鬚《びんぴげ》を墨に染め、若やぎ討ち死にせん」と常々言っていて、それを実行に移した実盛。そこには人生五十年の時代に六十歳過ぎまで生きた男の、生き過ぎたという思い、どう死すべきか、人生の幕引きへの切ないまでの美学があったと思うのです。平家の衰退は分かっている、篠原の戦いが自分の死すべき場であろうと覚悟を決め、それならば若々しく、日本一の剛の者として果てたいと考えていたのでしょう。修羅の中に生きた老武者の死に場所は戦の場こそふさわしい。これが多くの戦で人を殺してきた修羅の業でもあったのです。

実盛は都を出るときに、主君・宗盛公に面会し、今度の篠原での戦いでは討ち死にすることになるだろう、それも老後の思い出に悪くはない、故郷に錦を飾るという言い方もある、錦の直垂を着ることを許してほしいと願い出ます。宗盛はその願いを聞き入れ、錦の直垂を与えます。実盛は錦の直垂を着て、髪を黒く染め、若やいで戦に向かうのです。

ところが、実盛の思うように事は運びません。敵の大将は木曽義仲。彼が二歳のころ、実盛が命を救っている縁がありました。彼に討たれるならそれもよしと立ち向かう老武者の心意気を、家来の手塚太郎光盛にはばまれてしまう無念。討たれた後、首を洗われ老体を暴かれてしまう無念。それによってあっぱれな武者として名を残すことになった恥ずかしさ。これらが複雑に絡み合って、実盛の執心となって成仏できず、二百年余の間、幽霊となってこの世をさまようことになるのです。戦の場でも名を名乗らず、二百年後、他阿弥上人（ワキ）

『実盛』後シテ［撮影・石田裕］

の前に立ち、安楽国に生まれ変われると歓喜したときも、名を名乗らぬことに固執したところにひねくれ者・実盛の執心の深さが見て取れます。

ここで実盛を知るためにもう少し、彼の生い立ちを見ておきたいと思います。斎藤別当実盛は越前の生まれ、藤原氏の藤と、藤原の斎宮の頭を勤めたことから斎をとり、斎藤の名字をもらったようです。別当は荘園の管理をする職で、それほど高い位ではなく、下級武士ほどの身分だったと思われます。保元・平治の乱では源氏につき、義朝のもとで手柄を立てています。二十年を経て篠原の戦いでは平家につき、これは二股武士ではないかと文楽などで脚色されているようですが、当時の田舎の下級武士は自らの領地を守るために、その時々の領主につくことはよくあること、ましてや源氏方で戦ったときから二十年の歳月が流れているとあれば、何らの問題はなかったはずです。能で取り上げられ、あっぱれな武将と讃えられると、高貴な人と勘違いされがちですが、実盛の場合はごく身近にいる下級武士で、偉いのは人物像であって位ではないことをわきまえて演じるべきだと感じました。

父・菊生は謡が難しいものに『葵上』があるが、やはり一番難しいのは『実盛』だろう、その中でも前シテならば「笙歌遥かに聞こゆ孤雲の上、聖衆来迎す落日の前」と「深山木の、その梢とは見えざりし、桜は花に現われたる、老い木をそれとご覧ぜよ」はとりわけ難しいところと言っていました。

「笙歌遥かに」は能『石橋』で登場する大江定基、出家して寂昭法師となった人の臨終の詩です。前シテが登場して最初に謡う謡で、二百年余もさまよってきた実盛の霊が全身全霊をかけて謡うところです。ここは浄土への距離感と透明感をもって遥かを見やりじっくりと謡うのが心得です。

また、「深山木の」は他阿弥上人（ワキ）に名を名乗れと問われた後に、自らをほのめかして謡いますが、大鼓の亀井《かめい》広忠《ひろただ》氏が「本来道具を取り準備するところですが、とても動けない」と言われるごとく、訴えかけのある大事なところです。これは頼政の和歌ですが、執心を残している老体同士をここにはめ込んだ世阿弥らしい洒落た演出を感じさせられます。

そして物語も最後「老武者の悲しさは、戦には為《し》疲《つか》れたり」。戦上手の実盛のはずが、老いて戦にも人生にも疲れたと独白するところは、壮絶であり悲しくもあります。そして、篠原の土となることを願い、弔いを乞います。実盛の執心、心の揺れを常に意識しつつ、気持ちを張り詰め謡っていくこと、この作業なしではこの作品は成り立たないように思います。

『実盛』前シテ［撮影・岩田アキラ］

世阿弥は、斎藤別当実盛没後二百年目にして、この亡霊が時宗の他阿弥上人の夢枕に立ち、言葉を交わし、十念を授けられたという噂話に惹かれ、これを戯曲にします。当時流行の時宗のPRにもなるのではないかと思ったようで、江戸時代に曾根崎で心中事件が起こると、即座に心中ものを戯曲にしてしまう近松門左衛門のように、作り手の名手たちは、いつの時代も、世の中に流布する話に精力的に対応していたのではないでしょうか。

修羅物としては珍しく、狂言口開け（アイが最初に舞台状況を説明する）で始まり、シテの老人を幽霊として登場させます。後半は甲冑姿にて極楽浄土を謡い、大ノリのリズムにも多分に踊り念仏を意識させ、全体に宗教色を強く出しています。実盛の執心に焦点を当て、静かにその心の内を語らせながらも、後半の踊念仏の場や戦語りで盛り上げ、一人の男を描いていくあたり、さすが世阿弥、物語作家としての面目躍如というところです。

私は四十代でこの難しい『実盛』を勤め、五十代、六十代への布石となったことは確かです。そして、この曲が実盛という人物を通して、男の生涯はどうあるべきか、どう生き、どう幕を下ろすかという重いテーマを我々に投げかけてくれているようです。

## 『巴』で艶ある女武者を描けるか

武者は武者でも女武者の執心を扱った曲として『巴』があります。『巴』は二番目物・修羅能として扱われていますが、女性を主人公とした修羅能は異例で、この一番だけです。強い女武者でありながら、木曽義仲の愛妾として恋慕の心を持つ、巴という女性の姿を細やかに描き出し、人気曲になっています。

修羅能というと、主人公が戦死したゆかりの地に現われ、僧に生前の執心を訴え、討死の有様を見せ、修羅道の苦患からの救済を頼む、というのがお決まりですが、『巴』は異色です。愛人・義仲の最期の戦を共に戦いながら共に死ぬことを許されず、生き延びて形見を郷里に届けよと命令ぜられ、義仲の亡骸を残して、泣く泣く木曽の里に帰っていく巴です。能『巴』では、巴御前（前シテは里女）は自らの死に場所に現れるのではなく、死後も愛してやまない主君義仲が祀られている社に現れます。修羅物でありながら、その想いは共に死ねなかったことへの執心、深い恋慕の情念が今も成仏を妨げ苦しんでいるというものです。演者は物語の真意をよく理解して、派手な剛勇な女武者ぶりだけでなく、義仲を想って止まない恋慕の心根を演じきらないと、あちらに居られる巴様から斬りつけられてしまうでしょう。

以前、私がまだ二十代の頃、ある女性に言われた言葉が、今も頭から離れないでいます。それは、「ご立派な『巴』は何度も拝見してきましたが、愛らしい、かわいい、色っぽいと思わせてくれたのはあなたのお父様の『巴』よ。あ〜、女以上に女だわ！　と感じさせてくれて……。でもそこまでしてくれないと能『巴』にはならないのよ、そう思わない？」です。

父は『巴』という曲が好きで得意としていて、「色っぽくなければ」が身上でしたから、そう見えたかもしれません。とかく若いうちは、私もそうでしたが、鮮やかな長刀さばきばかりに気をとられ、巴の女らしさを演じるまでには至らないものです。

私は幼少の頃は父から教えられましたが、その後は、小学生から喜多実先生に入門し、三十歳で友枝昭世師に師事し、父から正式に習うことはありませんでした。それでも青年期に数曲、父から直接習った曲があります。その中でもっとも丁寧に細部まで教えてもらったのは『巴』でした。私自身は『巴』を三度勤めています。平成二十二年七月に高知能楽鑑賞会・粟谷菊生追悼公演では、父のことを追悼し、父が教えてくれたことを思い出しながら『巴』を勤め、巴という女性に思いを馳せました。

『巴』後シテ［撮影・三上文規］

能『巴』は木曽の山里に住む旅僧（ワキ）が都へ上る途中、琵琶湖畔の粟津が原に着き、里女（前シテ）と出会います。女はここに祀られている義仲公は僧と同郷だから霊を慰めてほしいと頼み、自らも義仲の家来、巴御前の亡霊であるとほのめかして消えていきます。

前場では中入り前の「さる程に暮れ行く日も山の端に、入相の鐘の音の、浦曲《うらわ》の波に響きつつ」と、西の空を見上げ次第にうつむき、鐘の音を聞く型が唯一の型所です。「観るものに鐘の音が聞こえるように」とは、シテと地謡への父のアドバイスです。

後場は甲冑姿で長刀をもって登場する後シテ（巴御前の霊）、美しく凛々しい姿ですが、型所が多く、すべてに父の言葉が浮かんできます。

一声の「落下空しきを知る」の謡は凛々しくやさしく、次のシテ謡「巴といっし女武者、女とて御最期に召し具せざりし、その恨み」も、クセの「誰に面《おもて》を越され、誰に劣るふるまひも亡き世語りに、名を惜し思ふ心かな」という地謡も哀切でよいところです。

そして義仲の最期を語る戦語りは、最初は床几にかけて地謡を聞きながらの型所、次に長刀を駆使する仕舞所となります。

重傷を負った義仲に巴が「御自害候へ。巴も共と」申し上げると、義仲は「汝は女なり、忍ぶ便りも有るべし。これなる守《まもり》小袖を木曽に届けよ、この旨を背かば主従三世の契り絶え果て」と厳しい言葉です。巴は「涙に咽ぶばかりなり」と泣き崩れます。

その後は、攻め来る敵の軍勢相手に八方払いや木の葉返しと勇猛果敢の戦いぶりを長刀さばきで表現します。実は平家物語には巴御前が長刀を使用したという記載はないので、これはたぶん流祖の着想でしょう。しかし『巴』といえば長刀、これが喜多流の特徴です。「巴の長刀さばきは軽快に鮮やかに、しなりを入れることで女を表現する。逆に弁慶、知盛、熊坂はしなりを入れてはいけない」が父の教えです。

そして終盤、巴がひと戦して戻ってみると、義仲はすでに自害し傍らに守小袖が置いてありました。巴は長刀を捨て泣く泣く小袖を取り上げます。形見を肌身離さず胸に抱き、「行けども悲しや行きやらぬ」と、なかなかその場を立ち去れない心情で、死骸を振り返るあたりは、「足、肩、面、とずらして動かし、それぞれの角度と向きにねじれをつけるんだよ」と直接やってみせてくれた父の姿が思い浮かんできます。やがて烏帽子、唐織を脱ぎ、白水衣を羽織って浄衣の姿となり、最終の最高潮、笠を高々と上げて木曽の里を思い、と良い型が続きます。「後ろ姿に哀愁が出ないとだめだ、後ろ姿だよ」「最後の留めは、笠と小太刀を捨てるも吉、また笠だけ捨て小太刀は義仲だと思って持ち帰るも吉。意味さえわかっていれば……」と、最も印象深い父の言葉です。

喜多流では、よく強く、強くと教えられます。このシンプルな言葉、若い時分は強くを荒くと誤解しがちです。強《つよ》いは彊《つよ》い、剛《つよ》い、勁《つよ》い、といろいろありますが、能では強い気持ちを基盤にして剛柔を表現します。やさしさ、女らしさ、哀れさも強さでというと不審に思われるかもしれませんが、「強く」を「思いを込める」と理解していただければよいかもしれません。父は「巴は芯は強く、まわりは柔らかく、マシュマロのように」と言いましたが、言うは易くで、柔らかさを習得するには時間がかかります。

女武者の強さと同時に艶ある女らしさや哀切さの二面、二極を演じてはじめて『巴』を手がけたと言えるのかもしれません。

## 勝修羅VS負修羅

　能はこの世に執心を残して死んでいった者の心の内を描くことが多くあります。悲劇を徹底的に描きながら、そこからの救いを願う、いわば鎮魂の芸能といってもいいかもしれません。とりわけ修羅能は戦のなかで修羅道を生きた者の物語ですから、勝ち戦で元気な武将よりは、敗れてもがき苦しみ、執心を残している者に焦点を当てることが多くなるのは自然でしょう。

　それでも、勝者を主人公にした能は三番あります。『田村』、『箙』、『八島』（観世流では『屋島』）がそれで、勝修羅と呼んでいます。これに対して敗者を描いた修羅能を負修羅といいます。この区分けは江戸式楽以降の発想で、いかにも武士好みです。

　しかし、作品内容を考えると、『田村』は清水寺観世音菩薩の功徳を祝言能として描き修羅とはいえません。『箙』は梶原景季の勝修羅の勇壮な能といえますが、『八島』の主題は修羅道に苦しむ武将・義経の苦悩だと思うので、単に勝修羅と区分けすることに今は意味を見出せないように思います。

　この勝修羅といわれる三曲を、能楽師を志す者は青年期までに習得しておかなくてはならず、稽古順は『田村』、『箙』、そのあとに『八島』となっていて、『八島』をとても大事に扱っています。

## 笛、琵琶

船の舳板に立って横笛を吹き鳴らして入水した清経、琵琶の銘器「青山」を授けられた経政、逆髪が弟・蝉丸と再会するときに藁屋から聞こえてくる琵琶の音、能に重要な彩をそえる笛や琵琶。これらを、能では作り物や小道具を使わずに、扇で簡素に表現し、当て振り的な表現（リアルな描写的表現）も少ないのが一般的です。

それでも能『絃上《けんじょう》』（観世流では『玄象《げんじょう》』と表記）では作り物の琵琶や本物の琵琶までも登場させる演出があります。『絃上』は琵琶の道を究めんとして入唐渡天を志す藤原師長（ツレ）を思い留めようとする村上天皇（後シテ）の物語。前場は老夫婦（前シテと前ツレ）として現われ、師長に琵琶の演奏を所望し、老翁も琵琶を、老嫗も琴を合わせます。後場は村上天皇と明かし、龍宮にある銘器「獅子丸」を取り寄せ師長に弾かせ、自らも弾きます。この琵琶は一般に作り物として登場しますが、本来は前場の「絃上」に本物の琵琶を使用し、後場の「獅子丸」に作り物を使うようにと伝書にあります。

平成十一年の『絃上』（シテ・高林《たかばやし》白牛口二《こうじ》氏、私はツレ・師長）では、国立能楽堂の協力を得て、琵琶演奏家の田《た》中之雄《なかゆきお》氏から楽琵琶を拝借して、伝書通りの舞台を実現しました。私も師長役で、あの重く大きい楽琵琶をこの手に直に触れることができ幸運でした。

## 専用面

曲趣に合わせた面を選択することは能楽師の重要な仕事です。女面、男面といろいろあり、同じ小面、増女でも、一つひとつ不思議と表情が違うので、どの曲にどの面を使用するか、選択には苦心するところです。

それに対して、その曲にのみ使用する限定的な面があります。専用面といって、これがあるのは『頼政』、『景清』、『鬼界島』、『山姥』、『弱法師』、『蝉丸』、『一角仙人』、『猩々』です。いずれも非常に個性的、それでなければならないという強い特徴があります。

『頼政』の専用面は目に金属が施され、この世の人ではないような修羅での怨念をにじませる強い面構えです。『景清』の専用面は豪の武者だった面影を残しながらも盲目の悲しさを秘めた顔、顎鬚があるなしの二種類があります。『鬼界島』の専用面は流儀によってさまざまですが、我が家の面は細面で彫りが深く独特の表情です。父はアラブの人の顔に似ていると言っていましたが、花帽子をつけるとまるで表情が違って見えるから不思議です。『弱法師』や『蝉丸』の専用面は盲目の少年・青年の悲しさが伝わってくる面です。

余談ですが、盲目の面は目が横に長く切れて彫られているので、意外に視界が広いというのは、演者しか知らない世界かもしれません。

## 小道具：長刀

シテが長刀を扱う曲は、喜多流では『巴』、『船弁慶』、『熊坂』の三曲です。長刀の扱いは、『巴』の巴御前は柔らかく女性らしく、『熊坂』の熊坂長範は盗賊らしく豪快に荒々しく、『船弁慶』の平知盛はその両方を取り入れるとよいと、父から教えられてきました。

子方が扱うものは、『正尊』の静御前と『鞍馬天狗』の遮那王ですが、『鞍馬天狗』は子方の小さな長刀をシテが子方より渡され扱う珍しい曲です。「大天狗が牛若に剣術を指南する気持ちで、やさしく教えるように。子方用の小さな長刀を上手く扱うことがミソ」と、父の言葉です。

# 第三章　女

## 『羽衣《はごろも》』に名ゼリフあり

女性を主人公にした能で演能回数が多く、よく知られ親しまれている曲といえば『羽衣』をあげることができます。頭に月の輪や牡丹《ぼたん》といった天冠をのせた美しいシテの天人の姿は、観る人の脳裡に刻み込まれることでしょう。

能『羽衣』は羽衣伝説をもとにして創られています。羽衣伝説は日本だけでなく世界各地に形を変え伝えられている伝説で、天から舞い降り遊んでいる天人が、羽衣をなくし、天に帰れないと困っているところに、羽衣を見つけた漁師が現れるというのは共通しています。その後の話は、天人と漁師が夫婦になったり、子供までもうけたりとさまざまで、最後、天人は天に帰ることになりますが、途中は幸せとばかりはいえない内容です。

それに対して能の『羽衣』では天人（シテ）はその場で羽衣を返してもらい、下界の男と交わることはありません。漁師の白龍（ワキ）が羽衣を隠そうとしても、天人の前ではそれはできず、天の崇高さを美しく表現しています。一般に伝えられるような男と女の話ではなく、形而上学的で上品な物語にしたのが能らしいところで、能『羽衣』が名曲として今も親しまれている所以ではないでしょうか。

白龍が羽衣を返すかわりに要求したものは、美しい天人の舞楽のみです。天人は喜んで舞を舞うことを約束しますが、「羽衣がなくては舞うことができない。まずは返してください」と言うのに対して、白龍は「この衣を返してしまっては、舞わずにそのまま天に上ってしまうのではないか」と疑いの念をさしはさみます。

この後の天人の言葉が名セリフです。

「いや、疑いは人間にあり。天に偽り無きものを」

このひとことで、白龍は自らを恥じ、羽衣を差し出すことになります。ひとことで人間をひれ伏せさせる、天人の崇高さ、気高さです。

『羽衣』にはこのほかにもよい詞章がたくさんあります。たとえば、

「虚空に花降り、音楽聞こえ、霊香《れいきょう》四方《よも》に薫《くん》ず」

は、白龍が羽衣を見つけるときの、この世ならぬ、優美な雰囲気を表現しています。

その後に、シテの天人が幕の内で「のう、その衣はこなたの衣にて候」と呼びかけて登場します。幕の内から美しく、堂内に響き渡るように張った声で、天人の気高さを表現しなければならず、ここは印象的な登場の仕方といえるでしょう。

白龍が最初、羽衣を返さないと言い張るのに対して、天人は嘆き、地謡も

「涙の露の玉鬘、かざしの花もしおしおと、天人の五衰も目の前に見えて」
（涙は露の玉のように流れ、飾っていた花もしおしおと萎れ、天人の五衰の相も見えて）

と、悲しさを内に込めて謡います。さらに、

「迦陵頻伽《かりょうびんが》の馴れ馴れし、声、いまさらにはつかなる」

と、雁の声を聞くと、極楽浄土に住む鳥・迦陵頻迦の声を思い出し、天上が懐しいと続けます。このように嘆く天人を前にして白龍は羽衣を差し出さずにはいられなかったのでしょう。そして天人の舞を所望するのです。そして、くだんのやり取りがあって、天人の舞が披露され、最後は、キリの仕舞どころになります。

『羽衣』舞込［撮影・牛窓正勝］

「東遊びの数々に、その名も月の色人は、三五夜中の空にまた、満願真如の影となり、御願円満、国土成就、七宝充満の宝を降らし」
（東遊びをしているうちに、その名も月の天人は十五夜の空に帰り、真如を照らす満月と共に光をそそぎ、御願円満、国土成就、七宝充満の宝を降らそう）

とノリよく謡い舞い、天人は天空に消えて

いきます。あくまでも美しい天人の姿です。

天人というと思い浮かぶのが宇治にある平等院鳳凰堂の阿弥陀如来坐像の飛天光背に描かれている五十二体の雲中供養菩薩です。楽器を奏でる菩薩、ちょっと太ったかわいい菩薩などなど、私はそこに描かれている様々な菩薩を天人と想像して勤めています。

『羽衣』には各流、さまざまな特別演出である小書があります。喜多流でよくやられるのが「舞込」ですが、「霞留」もあります。平成十年「粟谷能の会」でのこと、私はこの「霞留」を試みました。その年、父の病の関係で、三月の『西行桜』を急遽『羽衣』に変更することとなりました。同じ年に『羽衣』が二番続くのは好ましくないのですが、変更できず、ならば、父の「舞込」と私の「霞留」はどう違うのか整理して、特徴を出してみたいと考えました。

両者の演出には細かい違いがありますが、一番大きな違いといえるのは、退場の仕方で、「舞込」では「霞にまぎれて失せにけり」と地謡が高い調子で大合唱する中、シテは白龍や三保の松原、愛鷹山、富士山をゆっくり見渡し、下界に未練があるような、もう少し留まっていたいような風情を感じさせ、くるくる回転しながら月の世界に戻っていくように幕の内に入っていきます。

一方「霞留」では「残り留め」といって、「霞にまぎれて」で地謡は謡いをやめ、「失せにけり」を謡わずに、後は囃子方だけが演奏して余韻を残す演出になっています。シテは愛鷹山を見たり、富士山を見たりと「舞込」と似た所作で舞うところもありますが、最後には月世界からのお達しがあった様子で、袖を翻し後を振り返りもせず、幕にすーっと消えていきます。

この辺の帰り方によって、天人の気持ちの違いが表現されるのではないでしょうか。「霞留」は天人の崇高さを際立たせる演出で、天人をかわいい乙女というよりは、もう少し高位で、大人の女神のように思い描いて勤めています。

天人を崇高なものとしてとらえると、きっぱりとした退場のしかただけでなく、他の演出にも一貫性があると感じます。そこで面や装束も「霞留」の演出に似合うものの選択が必要です。喜多流では長絹を着て小面をつけるのが本来で、父は緋色の長絹に、かわいい「小面」で舞うのを好みましたが、私は白い「舞衣」という装束に、面もあえて神聖さが出る「増女」にしました。長絹はふわっと柔和なイメージに対して、「舞衣」はやや硬質な感じでありながらも、なんともなまめかしい女性のラインが出るのには驚きました。

『羽衣』霞留［撮影・三上文規］

「霞留」という演出に挑戦するなかで、多くの発見があり、能の奥深さを感じることができました。小書への挑戦、演出の工夫に力を入れ始めの頃のことですが、これも一つのよい経験となりました。

## 世阿弥の「夢幻能」の創造

能はその昔、申楽といわれ、数ある座が

競っていましたが、抜け出したのが結崎座の観阿弥でした。曲舞を取り入れて謡に工夫を凝らすなど音曲改革が功を奏したようです。そして、観阿弥・世阿弥父子の運命を変えたのが、今熊野で催した申楽の能でした。世阿弥（当時は鬼夜叉）の美しく可憐な姿を見た、三代目将軍足利義満が大いに気にいり、以後、寵愛し庇護することとなり、二人の才能もあいまって、能の世界を確立していったのです。

時の最高権力者の庇護を受け、その美意識や教養にかなうだけの能を創造するには大変な努力と工夫が必要だったようです。同時代に時の将軍に重用された犬王（道阿弥）や増阿弥の能の影響も受け、やがて世阿弥は「夢幻能」という、幽玄な趣をたたえた新しい能の創造を果たします。

夢幻能といわれる能にはある定型があります。僧や勅使などの旅人（ワキ）がある場所を訪れ、そこに、ある者の化身（前シテ）と出会います。前シテはワキにその土地や化身にまつわる物語をし、死してもまだ残る執心によって成仏できずにいる苦しい胸のうちを語ります。そして、自分はその人物の化身であるとほのめかし、中入りとなります。後場は、ワキが回向しようと待つところに、前シテの人物の霊が現われ、ありし日を懐しみ舞を舞うなどして、回向に感謝し消えていきます。ワキが前シテの化身に会うところから、後シテの霊が現れ消えていくまでの間は、ワキの夢の中のできごととし、まさに夢、幻の世界が繰り広げられます。前場と後場の二場形式のことが多いため、このような能は複式夢幻能と呼ばれるようになりました。

演劇は一般にそこに生きる人間を描きますが、夢幻能は死んだ人間が現われ、現代に生きる人間（ワキ）に語り、死後もなお苦しむ執心を晴らそうとする物語です。まさに彼岸と此岸を結ぶ物語。現代ではなじみにくいものも、当時の仏教思想からして、すっきり受け容れられたのではないでしょうか。

　夢幻能はこれまで述べた修羅能、そしてこれから述べる女性の執心を描く三番目物の多くに取り入れられています。世阿弥がこのような夢幻能を創造したからこそ、能が六百年余の歴史を生き延びてきたと言っても過言ではないほど、能のなかに占める夢幻能の割合は多いのです。ちなみに、夢幻能に対して、生きている人を描く能を現在能と呼んでいます。

　そして、夢幻能は幽玄な趣をたたえ、伊勢物語、源氏物語、平家物語を本説にし、美しい和歌などを織り交ぜながら、香り高い文学に仕上げているものが多く見られます。世阿弥が古典や和歌を重視し能に織り込もうとしたことが伺え、室町時代、武家とはいいながら、やや公家化した高貴な人々の鑑賞に耐えるものにするには、そのような工夫が必要だったのだと思います。

　夢幻能の例として『井筒《いづつ》』を見てみましょう。世阿弥が「直《すぐ》なる能、上花なり」と『申楽談義』に自賛したものです。

　旅僧（ワキ）が在原寺を訪ね、在原業平とその妻になった紀有常の娘の跡を弔っていると、一人の女性（前シテ）が現われ、古塚に花と水を手向けています。僧の不審に、

『井筒』後シテ［撮影・石田裕］

女は伊勢物語の歌などを引いて、二人の恋物語を語り、遂に自分はその女だと名乗り、井戸の陰に姿を隠します。後場では、夜も更けて、僧の仮寝の夢に、業平の形見を身につけた女（紀有常の娘の霊・後シテ）が現れ、業平を偲ぶ舞を見せ、やがて寺の鐘の声に夜も明け、僧の夢も覚めるというものです。

夢幻能の定型通りのつくりです。やや浮気心を起こした業平に、伊勢物語にある歌が散りばめられ、紀有常の娘の業平を思う純情が描かれます。その間に、相手の女のもとに行く道中を心配する歌を詠う娘。それを知って自らを恥じる業平。ひたむきな愛、堪え忍び、ひたすら待つ女の恋慕の気持ちを、業平の形見を身につけて舞う姿。まるで絵巻物のように美しく幽玄です。

『井筒』は、余分なものをすべてそぎ落とし、女性の心の襞という核心部分だけで訴える、極めてシンプルで完成度の高い作品です。完成度が高いからこそ、観る側も演じる側も安心して落ち着いてしまう。若くても少々未熟でも、型付通りなぞることで、どうにかできてしまう、それほど『井筒』には不思議な力があります。その力に頼りすぎて演りたくないという生意気な思いがあって、私の『井筒』の披きは少々遅くなってしまいました。今は、その不思議な力に寄りかからず、定型の中にも、演者自身の思いや紀有常の娘の思いが彷彿とするような舞台が演じられたらよいと思っています。

三番目物の夢幻能としては、世阿弥作品（改作含む）では『井筒』のほかに『江口』、『松風』、『檜垣』など、世阿弥以外では『野宮《ののみや》』、『定家』、『芭蕉《ばしょう》』、『東北』など、多くあります。

## 『野宮』で源氏物語をひもとく

四十代半ばあたりからでしょうか、能楽師を志し、それを生業とするならば、一年に一番は心身共に駆使するような大曲に挑み、つい緩む己自身にねじを巻くように鍛え上げる機会を自ら求めなければと思うようになりました。『野宮』はそのように挑むに相応しい大曲で、まさに試練の曲といえます。私が披いたのは、平成十四年秋の「粟谷能の会」のこと、四十七歳のときでした。

『野宮』は源氏物語を題材にし、もの寂しい晩秋の嵯峨野を舞台に、光源氏を愛した六条御息所の狂おしいまでの恋心と諦念を描いています。源氏物語の「賢木の巻」や「葵の巻」を中心に、源氏と御息所の関係や背景をある程度理解したうえでないと、能『野宮』を観るのは苦しいはずです。これは観る方だけでなく、我々演じるほうにも言えることで、『野宮』という曲の位の高さでもあると思われます。そこで、私も源氏物語をひもとき、二人の関係や起こった出来事などを自分なりに整理してから稽古に取り掛かりました。演者はあまり考えすぎると碌なものにはならないという声も聞きますが、能楽師にとっても、原題の読み込み、台本の読み込みは欠かせないものだと確信します。

『野宮』の作者については、昔の喜多流の謡本には世阿弥と書かれていましたが、今は金春禅竹が定説になっています。

では、この能の曲名にもなっている「野宮」とはどういうものでしょうか。昔、天皇が即位するごとに天皇の名代として、神社に奉仕する未婚の皇女が選ばれました。伊勢神宮に奉仕する皇女を斎宮、賀茂神社に奉仕する皇女を斎院と呼びます。その皇女が斎宮や斎院になる前に精進潔斎をする場所を野宮といい、

『野宮』前シテ［撮影・石田裕］

斎宮の宮は京都の嵯峨野にありました。

なぜ、この野宮が能の舞台になったか。それを知るためにも、源氏と御息所の関係をたどってみましょう。御息所は十六歳で東宮妃（皇太子妃）になられますが、二十歳で東宮が突然亡くなられ未亡人となってしまいます。東宮妃としてのプライドが高く、一途な性格だったようです。それがいきなり東宮の死にみまわれ、高貴の出とはいえ、経済的、社会的地位を失い没落していく寂しさを感じていたことは間違いありません。そこへ現れたのが光源氏です。七歳下のプレイボーイ。年上の女性、藤壷との禁断の恋も経験ずみ。高貴で教養があり美貌の夫人に興味をもつのも自然の成り行きです。御息所の寂しい心にすっと入り虜にするのはそう難しいことではなかったでしょう。御息所は簡単に源氏の誘惑に負け、恋に落ちていきます。源氏十七歳、御息所二十四歳のことでした。

しかし、やがて源氏の訪れは間遠になり、御息所の幸せな時間は短く、悲しみがつのります。こんな恋をしていてはいけない、この恋は成就するものではないと察し、娘が伊勢斎宮として選ばれた段階で、自分も伊勢に行ってしまおうと決意します。

そんな折、正妻・葵上との車争い事件が勃発します。賀茂の斎院の御禊の行列に源氏が出ると聞いて、御息所も見物に出かけますが、葵上と出くわし、車置きの場所で争いになり、散々に恥ずかしめを受けてしまいます。

御息所は葵上や夕顔への嫉妬に苦しみます。それは生き霊となって取り憑き、ついに呪い殺してしまうほど。能『葵上』や『夕顔《ゆうがお》』で描かれているところです。

自分の意識ではどうにも制御できない恐ろしいまでの嫉妬、その絶望感は深いものになっていきます。葵上亡き後、次の源氏の再婚相手は御息所ではないかと噂されますが、そんなことはない、源氏の心が冷え切っていることを知っているのは、御息所自身です。

そんな御息所は、娘の斎宮が精進潔斎のために一時こもる宮に、付き添っていました。それが嵯峨野にある野宮です。そこに源氏の訪れです。長月七日、能『野宮』に繰り返し出てくる、その日です。

源氏物語では、源氏は伊勢に行く御息所にご挨拶もしないのは礼儀知らずで無粋な男だと思われてはまずい、世間体を気にして出かけたように書かれています。愛情というよりは世間体。それでも嵯峨野に入ってみると寂しい秋の風情です。もののあわれが加わると、一度心を動かした女性への愛おしさが蘇ってくるのでしょうか。源氏は榊を神垣にはさんで御息所に歌を送ります。歌のやり取りの後、あろうことか、源氏は禁忌の野宮に足を踏み入れてしまいます。それを拒むことができない御息所。そして一夜の契りを結んでしまいます。

源氏との恋は終わりにすると、あれほど固く決意していたのに、なぜ受け容れてしまったのかと、後悔の念であったか、それともあの日を自分にとって永遠の日にしようとしたのか、ここをどう解釈するかで、前シテのイメージの膨らませ方が違ってきます。私は後者で、長月七日を永遠のものとし、これによって救われないことになってもいいという強い情念ではなかったかと思い演じています。

能『野宮』では、まず黒木の鳥居に小柴垣を付けた作り物を正面先に置き、これで嵯峨野・野宮の風情、佇まいを表します。

次第の囃子で前シテが登場し「花に慣れ来し野宮の……秋より後はいかならん」と謡います。この野宮のあたりで、咲き乱れた花を眺めて楽しく過ごしてきたが、秋が過ぎ花の散ってしまった後はどんなに淋しいことだろうというほどの意味で、秋を飽きに掛けて源氏に飽きられ捨てられた淋しい御息所の心情を謡う、この作品の主題ともなる謡です。ここをどのように表現できるか。次第はシテが作品をいかに把握できているかを試されるところで、集中度の高さが要求され、演者には一番怖いところです。

次のワキとの問答で、シテは長月七日は源氏との最後の契りを結んだ大切な日、宮を清め御神事をするのだから、関係のない人は僧でもさしさわりがある、「とくとく帰り給へとよ」と強く訴えます。他には見られない手法で御息所のプライドの高さを示しています。

ここでワキもくいさがり、長月七日の謂れを問いかけます。ここから中入りまでに、私に好きな箇所が三つあります。一つは初同の「うら枯れの、草葉に荒るる野の宮の」と荒れた野宮を懐しみ、長月七日が巡り来たとの謡に続く「今も火焚き屋のかすかなる、光はわが内にある、色や外に見えつらん、あらさびし宮所、あらさびしこの宮所」です。火焚き屋とは調理場です。そこから漏れる光が源氏にも見え、また自分の魂にも見えるのでしょうか。光は遠くに消えていくかと思うと、不意に自らの胸にすーっと入り込み、身体を巡り、女そのものをほてらせます。目付柱先をじっくりと見、次第に正面に直し、一足引いて左に廻るという簡素な型付のなかにも、謡い込まれるものはエロチシズムにあふれています。「あらさびしこの宮所」とは、ほてる肉体を持つ己の悲しさ、寂しいのは嵯峨野のうら悲しい景色だけではない、己の心が、肉体が寂しいのだという心の叫びが美しい詞章に織り込まれています。

二つ目はクセの場面。「辛きものには、さすがに思いはて給はず」と地謡が嵯峨野の秋の淋しい景色、源氏との禁断の逢瀬を謡い、シテは床几にかけて静かに聞きます。そして「身は浮き草の寄る辺なき」でおもむろに床几から立ち、自然に動き始める心持ちの型所となります。私はこのふと立ち上がる風情が、何かに取り憑かれたようにも、またどこかに引き込まれていくようにも見え、たまらなく好きです。

『野宮』後シテ［撮影・石田裕］

最後は、中入り前の地謡の「黒木の鳥居の二柱に、立ち隠れて失せにけり」の謡です。シテは鳥居を見込み佇んでいるかと思うや、その姿は光のように消え、魂だけが残る風情。囃子方も地謡も気をかけ少しかかり気味に囃し謡う心得で、よいところですが、さわがしくなるといけないので、最も難しいところだと思います。三番目物で中入り前がこのように強くかかるのも御息所の性格がなせる珍しい手法ではないでしょうか。

後シテは車に乗った様子で登場し一声の謡「野の宮の、秋の千草の花車、われも昔に、巡り来にけり」を静かに謡います。そして車争いの場面を語り、序之舞、破之舞と続きます。ここは情景描写であり、舞でありと、動いて表現できるので、前シテのように動きの少ない中に感情表現をしなければならない難しさと違って、取り組みやすさを感じます。

序之舞は「昔に帰る花の袖、月に返す気色かな」と謡い始まります。美貌も地位もあった東宮妃のころ、あるいは初めて源氏との逢瀬のとき、そして野宮の最後のあの時を回想し、月夜に舞を舞おうという情趣でしょう。破之舞は「野の宮の夜すがら、なつかしや」という御息所の本音の心、最後の夜がなつかしいという心の興奮や高ぶりを舞います。

最後はこの曲に限っての火宅留めです。「火宅の門をや、出でぬらん、火宅」で留めるのが喜多流です。御息所は火宅というこの世の苦しみの世界から出られるでしょうか。いやいやとても出られない、成仏できなくともよい、源氏とのあの日の思い出を大事に抱いていたいという強い意志があるように思えます。「火宅」と留めた後の静まり返った舞台の緊張感の持続と余韻、これがこの曲の終演です。

『野宮』は作品が役者を選んでくる」という言い方をされます。確かに、ただ謡い舞っているだけでは、とうてい太刀打ちできない、御息所という高貴で複雑な立場の女性の思いを演者自身が体に取り込んで、心を働かせて演じなければはじき飛ばされる曲なのです。

## 『松風』の恋慕と狂乱

能『松風』は在原行平という男が姉と妹という二人の蜑女《あまおんな》に愛を与えたことから起こる物語です。古今和歌集に見える次の行平の歌から発想して、流離の貴公子と身分違いの美女姉妹、松風、村雨の恋慕と狂乱を、最も美しく幽玄に描いています。

「わくらはに問ふ人あらば須磨の浦に藻塩垂れつつ侘ぶと答へよ」

（たまさかに私のことを問う人があったら、須磨の浦で潮とたわむれ、侘しく暮らしていると答えてくれよ）

「立ち別れいなばの山の峯に生ふる松とし聞かば今帰り来ん」

（別れることになっていなばの国に行っているが、その山に生えている松のように、あなたが「待つ」というなら今すぐにでも帰って来よう）

舞台は須磨の浦、行平や光源氏が流され侘しく過ごした地です。しかし、自然は美しく、澄む月の光、浦に寄せる潮騒のさざめき、汐の香、松を動かす風の音を、源氏物語の須磨の巻を意識した詞章で、詩情豊かに描き出します。

それにしても『松風』は二時間近くかかる長丁場の曲です。しかも中入りもないので、シテとしてはこれを観客に飽きさせず舞台に集中させるために、体力も気力も必要です。まさに名曲であり大曲です。そこで、この長丁場の曲を三つの段階に分けて考えたいと思います。第一段階はワキ（旅僧）の名乗りから塩屋に入るまでの汐汲みの情景描写、第二はワキとの問答から行平の形見への思いの段まで、第三は形見を纏い恋慕の狂乱の舞（序之舞、破之舞）を舞い終曲するまでです。

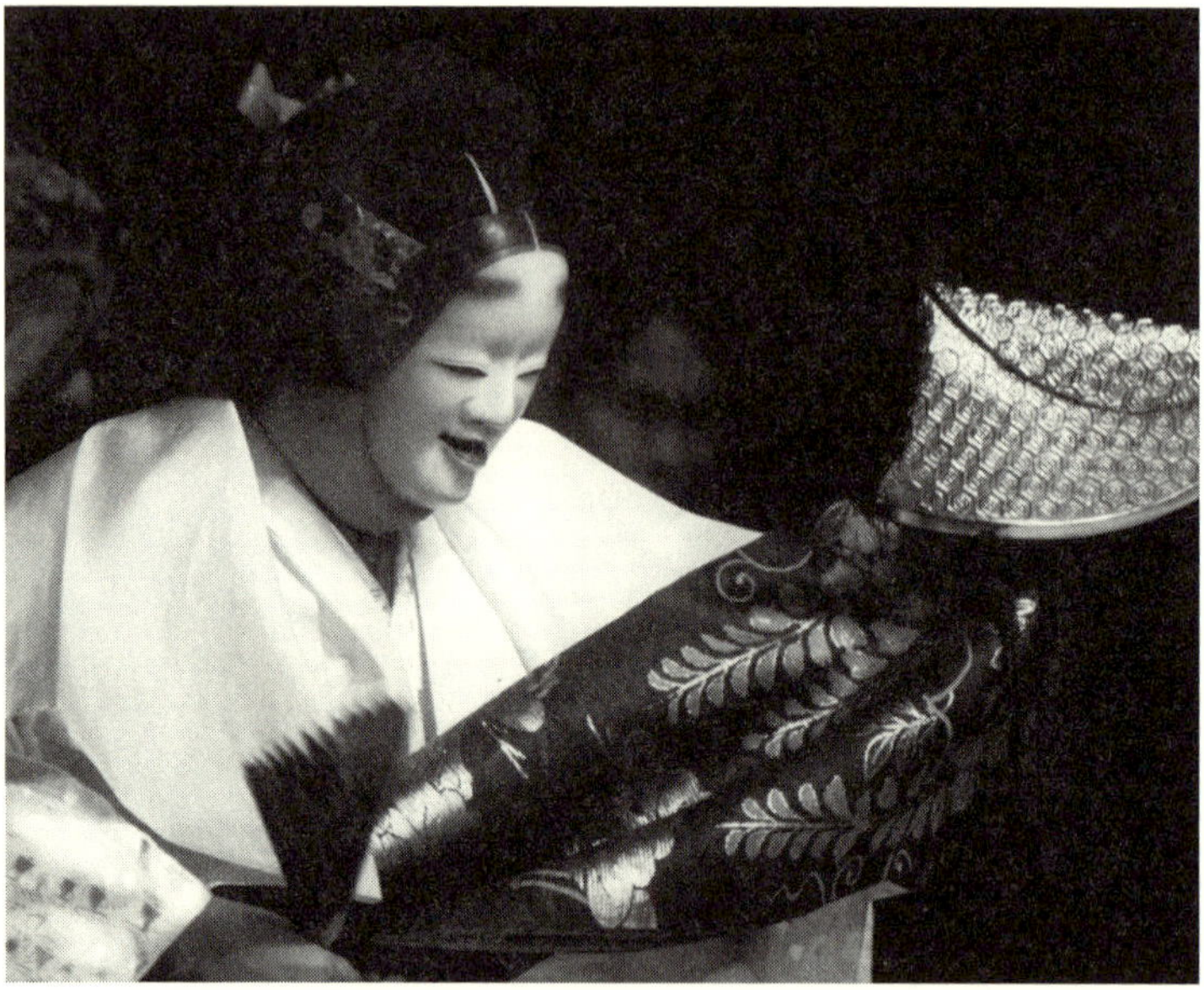

『松風』初演［撮影・三上文規］

三つの段階に分かれているのは、この『松風』という曲の成り立ちからもうかがえます。『松風』は亀阿弥作の『汐汲《しおくみ》』が元になっているといわれています。亀阿弥は田楽のころ、能がまだ確立する前の人ですから、月の光に照らされて汐を汲む女の物真似芸を、それなりの見せ場を入れて創作したのだと思います。『松風』の第一段階の最後、「汐路かなや」で留め拍子を踏むところからも、あの場面までが『汐汲』に当り、そこで終曲していたことがわかります。その後、観阿弥が汐汲みをする二人の乙女に行平という男をのせて『松風《まつかぜ》村雨《むらさめ》』という戯曲に作り変え、世阿弥がさらに、そこから村雨を取って『松風』とし、姉の松風に焦点を当てたものと考えられます。

第一段階でのシテ（松風の霊）とツレ（村雨の霊）の登場は「真之一声」といって、荘重な出囃子とともになされます。真之一声とは一般に脇能の前シテ・ツレが登場するときの囃子事をいい、脇能の神霊の登場にふさわしく、荘重で品よく、しかも力強さが特徴です。脇能以外で真之一声が使われるのは、喜多流ではこの『松風』一曲だけです。脇能の荘重さとも少し違う、重苦しい雰囲気、『松風』の導入部分に真之一声を持ってきたのは、作者・観阿弥や世阿弥の思い切った手法で、汐汲みというきつい労働を課せられた二人の蜑女の苦悩の深さを表現し、後の重苦しい物語への伏線とも意識させられます。

二人の蜑女は真之一声で静かな足取りで進み、ツレは一の松、シテは三の松でとまり、向き合って連吟「汐汲み車わづかなる、浮世に廻る儚さよ」となります。ここは真之一声の雰囲気でゆっくり重々しく、観客に思いが伝わるように謡わなければならず、いきなり難しいところからスタートします。『松風』にはこの出だしだけでなく、随所にシテ・ツレの連吟や掛け合いがあり、お互いの波長が合わないと舞台は台無しになってしまいます。多く経験してきたツレのなかでも、とりわけ『松風』のツレはシテと拮抗するぐらいの力量がなければ波長を合わせられないと思っています。

そして、男と女の恋物語に入る前の静かな情景描写を、月は空高くある小さな寒々とした月、夜の海の潮騒は寂しく恐ろしさを感じるほどの浪の音、蜑女は最下層の女性、汐汲みは最下層の蜑女の賤の業、地獄に堕ちた二人に課せられた重労働、といったことを想像しやすいように、かつ、次から始まる二人の物語を暗示させるように心がけ演能しています。

第二段階は囃子方が床几から下り静まり返った音のない舞台で、ワキとの問答から始まります。第一段階とは明らかに趣が変わり、場面転換がなされています。

『松風』は身分の差に加え、男一人に女二人、それも姉妹という複雑な関係が、この戯曲を面白くしていると思います。待つことを諦め、執心の罪を悟っているかのような冷静さを持つ妹の村雨、恋慕のあまり追憶に浸り、まだ待とうとする情熱的な姉の松風、この二人の性格の違いが、この戯曲の主軸となっています。

ワキは「わくらはに問ふ人あらば須磨の浦に……」と行平の歌を持ち出し、松風村雨の旧跡を弔ってきたことを告げ、二人の涙を誘います。

クドキ（悲嘆や苦悩をあらわす謡）の最後には、

シテ「三年が過ぎ、行平様は都に帰られた」

ツレ「そしてそれから少し経ってお亡くなりになったらしい」

シテ「あーら恋しや、さるにても」

と待つ女の悲しさを切々と訴え、演じる際にはシテが最も力を尽くさなくてはいけないところです。実際は七十五歳ぐらいまで生きた行平ですが、能では都に帰った後まもなく亡くなったことになっているので、「あーら恋しや」の謡に続くのです。執心の罪を負いながら、まだ「待つわ」「会いたいわ」と一途な松風だからこそ「あーら恋しや」と謡い、その昂ぶりが狂気とも追憶ともとれる舞へとつながるのです。

そして行平の形見を抱いて恋慕の情をつのらせる松風。ここはよい型所で、先人たちは最も女らしいしぐさで型を見せてこられました。自分もと思うのですが至難の型所です。

第三段階、シテが物着（舞台上で一部着替え）で形見の長絹を纏い烏帽子をかぶり、「三瀬川絶えぬ涙の憂き瀬にも、乱るる恋の淵はありけり」と謡います。そして、磯辺の松を行平と思い近寄ろうとする松風に、村雨が「あら、あさましや」と鋭く制止する場面から話はエスカレートしていきます。ここにも理性的な村雨と恋慕の情がまさり物狂いとなる松風の違いがくっきりと現れます。

『松風』見留［撮影・あびこ喜久三］

続いて、「立ち別れ」の地謡でイロエ掛の中之舞となり、形見の長絹、烏帽子を身に纏った松風は恋慕の舞を舞います。続く破之舞は『野宮』と同じ二の舞として舞われます。短いながらも主張のある舞で、ここに松風の思いが凝縮され、最も大切な舞とされます。舞ううちに夜が明け始め、「村雨と聞きしを今朝見れば、松風ばかりや残るらん」の地謡で二人はどことなく消えていきます。

私は二十代から幾度となく『松風』のツレを勤め、平成七年、四十歳の時の「粟谷能の会」研究公演で初めてシテを披きました。『道成寺』を披いた後、次の課題は『松風』と言われてきました。『道成寺』は親がかりですが、

『松風』は自分で行動を起こし、稽古も『道成寺』に匹敵するぐらいやる、半端なことではできない曲です。研究公演を立ち上げ、自分たちで意識的に選曲し演出も工夫するなかで、大曲に挑もうと満を持して取り組んだ思い出の曲です。

そして、十年後に「粟谷能の会」で再演となりました。初演のときにはできなかったことが課題になります。まず、姉妹の性格の違いを前面に出したいと考え、面の選択を再考しました。喜多流の『松風』の面は常はシテもツレも小面です。先人は上等と並と小面の出来映えで違いを、と考えていましたが、それではあまり変わらないので、シテはやや艶があり大人の雰囲気が出る「宝増」を使用し、ツレは小面としました。さらに小書演出にも取り組み、曲の理解を深めたいと考え、「戯之舞」や「見留《みとめ》」、「身留《みどめ》」などを検討し、「見留」で勤めました。他の小書もいずれは勤めたいと思っています。

今、演能を振り返るにつけ、たとえ同じ曲を何度勤めることになっても、一回一回の演能を大切にし、常に新しい気持ちで取り組みたい、思わぬ発見があるのではと、チャレンジ精神を忘れてはいけないと強く思っています。

## 『江口』の遊女と普賢菩薩

幽玄の極致ともいわれる能をもうひとつご紹介します。優艶な遊女の世界から、最後は宗教的で厳かで幻想的な世界を描き出す『江口』です。

この能は西行と江口の遊女との和歌贈答説話と性空上人が室の遊女を生身の普賢菩薩として拝したとい

う、二つの説話から構想されたものです。贈答歌というのは西行が宿を借りたいと願い出たときに遊女が断ったために交わした歌です。

「世の中を厭ふまでこそ難からめ、仮の宿りを惜しむ君かな」（西行）

（世の中を厭って出家するのは難しいだろうが、僧の供養に一夜の宿を貸すぐらいはそれほど難しいことではないはず。それを惜しむのですか。志のないことですね）

「世を厭ふ人とし聞けば、仮の宿に心とむなと思ふばかりぞ」（遊女妙）

（世の中を厭って出家するほどの人なら、仮の宿、仮の世に執着なさらないようにと思っただけです。宿を惜しんだわけではありませんよ）

この贈答歌は新古今和歌集に載ったことで有名になりましたが、そこには遊女は妙と記載されています。贈答歌はどちらも西行のものではないかとする説もありますが、能ではシテは遊女妙ではなく江口の君とだけ謡われています。

江口とは難波江（現在の大阪湾）の入口の意味で、昔、瀬戸の海を渡ってきた人はこの江口で船を乗り換え、川舟で淀川を遡って目的地に行くという、水上交通の要として栄え、華やかで賑わいを見せた地でした。そこには船遊びの遊女たちがいたのです。

遊女というと、私は映画『陽暉楼《ようきろう》』の遊郭にいる女性たちを想像してしまいますが、観阿弥や世阿弥が描いた当時の遊女像はちょっと違うようです。かつて故網野《あみの》善彦《よしひこ》氏は、橋の会のパンフレットに遊女について次のように書かれています。

「近代、近世の遊郭の遊女のあり方から中世以前の遊女をおしはかってしまうのは大きな間違いである。（中略）近世的、近代的な売春婦として単純に考えてはいけない。つまり、遊女とは古くは一種の巫女、その職として芸能をする者であり、芸能者は神仏になることもあり、それが宮中とのつながりになったとも考えられる」

だとすれば、江口の君のような発想がうまれるのは不思議ではなく、遊女とは歌舞音曲を業としながら集団生活をする人たちと見るべきなのでしょう。

さて、能『江口』の前場は、ワキの僧が江口の里を訪ね、西行が詠んだという「世の中を厭ふまでこそ」の歌を口ずさんでいるところに、前シテ（里女）が現われ、それをいうなら返歌も思い出さなければと諫め、自分は江口の君の幽霊だとほのめかして消えます。

中入りでアイが、遊女が普賢菩薩になって見えたという性空上人の説話を述べ、江口の君は普賢菩薩の顕現であると語ります。それを受けて、僧たちが弔おうとしていると、不思議なことに遊女たちが現れます。ワキの待謡「月澄み渡る川水に、遊女の謡ふ舟遊び、月に見えたる不思議さよ」が謡われるなか、遊女たちが乗る船の作り物が橋掛りに運ばれ、そこに現れる遊女三人（シテとツレ二人）。美しくあでやかで、印象的な後場の始まりです。

「よしや吉野の、よしや吉野の花も雪も雲も波もあはれ世に遇《あ》はばや」

「古《いにしえ》の江口の遊女の川逍遥の月の夜舟をご覧ぜよ」

「謡へや謡へうたかたの、あはれ昔の恋しさを、今も遊女の舟遊び。世を渡るひと節を謡ひていざや遊ばん」

と、華麗できらびやかな謡が続きます。

そして、一転して、序の「それ十二因縁の流転は」から宗教的な道理を説き、クセでは世の無常を謡い、そして人々は六塵に迷い、六根で罪をつくる存在なのだ、それも面白いことと謡い、序之舞となります。六塵は人の心を惑わす六種のもので、色、声、香、味、触、法。六根はそれを感じる六つの器官で、眼、耳、鼻、口（舌とも）、身、意（心のこと）のことです。

このあたりは、よい詞章が続きますが、多分に宗教的な色が濃いところです。

『江口』後シテ［撮影・吉越研］

最後に「思へば仮の宿」のシテ謡から、神がかり的な幻想的な雰囲気に変わっていきます。「これまでなりや帰るとて、すなわち普賢菩薩と現われ、舟は白象となりつつ、光と共に白栲《しろたえ》の白雲に打乗りて西の空に行き給ふ、有難くぞ覚えたる、有難くこそ覚ゆれ」で終曲します。西の空、すなわち西方浄土に行く姿を拝み、「有り難くぞ覚えたる」と自然と頭がさがるような、荘厳な趣となります。

普賢菩薩とは釈迦如来の脇侍で、知恵を司

る文殊菩薩とともに、慈悲を司るものとして配されています。文殊菩薩が獅子に乗っているのに対して、普賢菩薩は白象に乗っています。菩薩は仏陀になる前の悟りを求める者で、神仏に近い存在ですが、まだ悟りに至っていない修行の身です。

　ここでは、遊女がなったという普賢菩薩ですが、お顔も美しいので女性かと思っていたら、実は男性とのこと。普賢菩薩がまだ悟られていない身分であることや、男性であることがわかり、男性の能楽師たる私が、この曲に臨むにあたってとりかかりやすくなったことは事実です。

　また稽古していて、前シテも後シテも里女や江口の君の幽霊という設定ではなく、普賢菩薩そのものの心持ちで勤められないだろうかと思うようになりました。その折、幸流小鼓方の横山晴明《よこやまはるあき》師から、森田《もりた》光《みつ》風《かぜ》氏の「平調返の試問に答ふ」というお手紙を見せていただく機会があり、「シテの本体は遊女・江口の君と観察してはなりません。即ち普賢菩薩であります」の一文を見つけました。私のひらめきも満更見当違いでもないことがわかって自信となり、前シテの登場から終始、普賢菩薩という気持ちで演じることができました。もちろん詞章が変わるわけではなく、あくまでも普賢菩薩の心でという精神性のことです。能役者こそがこの精神性を大事に演じなければ、きっとつまらない、空虚な舞台になってしまうのではないか、生意気な事を思うようになりました。

　私が『江口』を披いたのは、平成十八年十月八日の第八十回「粟谷能の会」でのことです。この会は祖父粟谷益二郎五十回忌追善という節目の会でした。益二郎の子である菊生、辰三、幸雄が仕舞を舞い、孫の能夫と私がそれぞれ大曲『道成寺』と『江口』に挑み、一族全員が力を合わせて執り行うものでした。

『江口』では父・菊生は地頭を勤めることとなっていたのですが、申合せの前日に脳出血で倒れ、未明に入院、当日はベッドの上で生死をさまようことになりました。

父の容態が気にならないわけがないのですが、役者はどんな状況であろうと舞台を最優先しなければなりません。この状況下で『江口』を勤めなければならなくなった私のことを察してくださったのか、ワキの森常好氏や囃子方の皆様（一噌仙幸師、大倉源次郎《おおくらげんじろう》氏、亀井《かめい》広忠《ひろただ》氏）や、ツレも地謡も、皆が心を一つにして、父のいない舞台を盛り上げてくださいました。それぞれの役者魂、舞台人魂を痛いほど感じました。そしてそれは舞台上の人だけでなく、観てくださる方々からも伝わってきて、まさに見所が一体となったような不思議な緊張感、胸打つものがありました。

父は、何とか「粟谷能の会」当日までは命をつないでくれましたが、会が終わった三日後の十一日に、彼岸へと旅立ちました。父が大好きだった『江口』を、このような形で披くことになるとは思ってもみなかったことで、忘れえぬ舞台となりました。

## 『半蔀』と『夕顔』――「夕顔の巻」から

源氏物語を本説とした能はたくさんあります。先に述べた『野宮』もその代表格ですが、ここでは「夕顔の巻」を題材にした能をご紹介しましょう。能で、夕顔の女を主人公にした曲は『半蔀』と『夕顔』の二曲があります。さらに言えば、夕顔の娘を主人公にした『玉葛《たまかずら》』もあります。『夕顔』は『半蔀』と比べるとあまり頻繁に演じられず、観世流、喜多流、金剛流の三流にしかありません。

『半蔀』は夕顔と源氏との出会いの場に焦点を当て、恋物語を美しく回想するつくりで、夕顔の女性を白い夕顔の花に重ね合わせ、花の精を描くような、美しくも可憐な演出となっています。作者は内藤左衛門、内藤河内守で守護代クラスの武士だったようです。あまり聞かない名前ですが、『俊成忠度』の作者でもあると言われています。

一方の『夕顔』は河原の院での源氏との逢瀬のとき、物の怪に取り憑かれ、あっけなく亡くなってしまう薄幸の女性として描かれます。夕顔の女の霊が成仏を頼みにこの世の僧の前に現れ、法華経の功徳で救われ成仏するという構成で、儚い人生を嘆く夕顔という人物に焦点を当てた宗教色強い作品です。世阿弥作と言われています。

『夕顔』は演出も地味で、作り物もなく、前場のクセは居曲《いぐせ》という動きの少ないもの、後シテも序之舞と短いキリの仕舞所があるだけです。舞いたい、動きたい私としては、やや物足りなさを感じるのですが、だからこそ、演じる側の力量も、また観客の観る力も必要となる曲で、能の究極はこのような簡素な形で完成度を高めているのかもしれません。

これらの曲で「能の深い味わい」を感じるには、作品への理解が不可欠で、謡われる詞章から作品の背景を思い浮かべ想像する、そのような鑑賞法が求められるようです。

というわけで、ここでも源氏物語をひもときつつ、背景を探ってみます。

夕顔の女は源氏物語の帚木の巻の「雨夜の品定め」で頭中将が控え目の女と語った女です。彼は正妻の手前、夕顔の女を身近に置くことをさけ、五条辺りの荒ら屋に住まわせます。二人の間には玉葛という美しい女の子がいます。このような「夕顔の女」に、光源氏は乳母の見舞いに行く途中で出会います。当時、光源氏は十七歳、夕顔の女は十九歳でした。

源氏が垣根に美しく咲く夕顔の花を見つけ、折って持ってくるようにと、供の惟光に頼むと、女童が香を焚きしめた扇を差し出し「これに置き参らせよ」と告げます。扇には次のような歌が書かれていました。

「心あてにそれかとぞ見る白露の、光そへたる夕顔の花」

（あて推量ですが、そこにおられるのは源氏の君ではありませんか。そのようにお見受けしました……。白露の光をそえている夕顔のように、夕方のお顔が美しいお方は……。）

ちょっとしゃれた詠いぶりに源氏もやがて返歌をします。

「寄りてこそ、それかとも見めたそがれに、ほのぼの見つる花の夕顔」

（たそがれにほのぼのと見えただけの夕顔の花ですよ。もっと近くに寄ってみてこそわかるというものでしょう）

と意味深長な詠いぶりで、ここからつき合いが始まります。上流階級で名誉も資産もある端正な青年の源氏にとって、中流階級の可愛い女性との逢瀬は、女の身の回りの環境などすべてが目新しく、殊の外楽しかったことでしょう。

能『半蔀』はこの初めての出会いの喜び、一番美しい思い出に焦点を当てています。後場の、蔀戸に夕顔の花や実が飾られた藁屋の作り物から、後シテの夕顔の精（霊）が戸を押し開けて出てくる場面はとても華やかです。「草の半蔀押し開き、立ち出づる御姿見るに涙もとどまらず」と、地謡が静かに美しく謡い、思わずワキが感涙する場面です。

『半蔀』立花。後シテ［撮影・神田佳明］

そして、クセで出会いの場面を謡い、「折りてこそ」(「寄りてこそ……」の歌の冒頭が詞章では「折りてこそ」となっている)で序之舞となり、この歌が続きます。「ほのぼの見えし花の夕顔、花の夕顔、花の夕顔」と大ノリで「花の夕顔」が三回繰り返され、夕顔の女は夕顔の花の精でもあるかのような、美しく幻想的な風情となり、最後は夜が明けぬ前にとシテは半蔀の中に入り、「そのまま夢とぞなりにける」で終曲します。夢幻能らしい終曲で、あくまでも美しく描かれます。

『半蔀』では「立花」の小書がつくと、本物の生け花が舞台中央先に置かれ（一九四ページの写真）、より豪華な演出となります。これは前場で、一夏（夏の九十日間の修行）を送る僧が立花供養をし、そこに前シテが現れて花を手向けることから、この演出が発想されたと思われます。

私の『半蔀』は昭和五十九年、青年喜多会が初演で、これが三番目物に取り組む最初でした。「立花」の小書で勤めたのは平成十六年、横浜能楽堂特別公演で、生け人（花を生けた方）は川瀬《かわせ》敏郎《としろう》氏でした。存在感あるお花と向き合ってみると、立花が単なるオブジェではなく、みるみるその力を発散し始めることに気づかされ、なにかマジックか催眠術にかかったような夢見心地になってしまいました。「立花」は演者も観る側もその華やかな演出を充分楽しむことが出来る効果満点の特別演出だと思います。

さて、出会いから後、荒ら屋で度重なる逢瀬を重ねる二人。ふと源氏は気分を変えようと、逢瀬の場所を廃墟となった源融の邸宅跡・河原の院に設定します。夜半二人の枕辺に女の物の怪が現れ、驚いた源氏は供の者を呼びますが、誰も来ません。ふと夕顔を見るともう息絶えています。作者は明かしていませんが、物の怪の正体はおそらく六条御息所でしょう。葵上にも取り憑くほどの執心、嫉妬心です。夕顔を失った源氏のうろたえぶり、悲しみ、打ち沈む姿は源氏物語にあますところなく描かれています。秘された逢瀬、夕顔の死も源氏との関係も秘せねばなりません。供の惟光が夕顔の亡骸《なきがら》を上蓆《うわむしろ》に包んで車に乗せ、東山まで運び、源氏や右近（夕顔の乳母）ら、わずかな人たちで荼毘に伏します。薄命の夕顔は御息所を恨んで死んだのでしょうか。それともこのような運命を恨んだのでしょうか。最後までお互いの素性を明かさないままでした。夕顔は娘の「玉葛」を残しての突然の早世です。源氏への執心だけでなく、現世への執心も残ったことでしょう。『半蔀』では何も語らなかった、ここに焦点を当てたのが能『夕顔』です。夕顔の霊はただひたすらに僧に救済を願うのです。

『夕顔』の前シテはアシライ出で一の松に止まり、次の歌を謡います。

「山の端の心も知らで行く月は、上の空にて影や絶えなん」

これは、河原の院に着いたとき、源氏に「昔の人はこんな風に恋のために惑い歩いただろうか。私ははじめての経験なのでわからないが、あなたは経験ありますか」と歌で問いかけられたときに返して詠んだ歌です。山の端＝源氏の心も知らないで、ついて行く月＝自分。夕顔は（そのうち捨てられて）上の空で消えていくのではないだろうか、といった意味で、夕顔の不安で心細い気持ちが詠われています。これがシテの最初の出で謡われるのは能『夕顔』の全体を暗示しているように思われます。この歌は『半蔀』にも出てきますが、これほど強い印象が残らないのが不思議です。

クセも河原の院の暗く荒れ果てて恐ろしげな様子を切々と謡い、シテは居曲で片膝を立てて座り、内面の心の揺らぎを地謡が表現する手法で、けだし能の演出の特徴です。さらに、「風に瞬く灯火の、消ゆると思ふ心地して」、「あたりを見れば烏羽玉の、闇の現《うつつ》の人も無く」、「泡沫《うたかた》人は息絶えて、帰らぬ水の泡とのみ散り果てし夕顔の花」と、地謡は夕顔の儚く逝った運命を淋しく謡い上げます。

後場は、僧が法華経を読経し弔っているところに、夕顔の女の霊が生前の姿で現れ、

「優婆《うば》塞《そく》が行ふ道をしるべにて、来ん世も深き契り絶えすな」

を僧と共に謡い始めます。優婆塞は俗体の仏道修行者。この歌は源氏が夕顔の隣家に住む行者の勤行の声を聞いて、夕顔を思って詠んだ歌です。

「来ん世も深き契絶えすな」からは地謡が受け、シテはそれに引かれるように序之舞を舞い、法華経の功徳で解脱できたと喜んで、僧の回向に感謝し雲に紛れて消え失せます。

途中、「女は五障の罪深きに」と女性であることが罪深いということや、「変成男子の願いのままに解脱の衣の」と、法華経によって男子に変成して女性も成仏できるという、当時の宗教観も描かれています。現代なら、男女差別だといわれそうですが、能が創られた室町時代はこのような考え方があり、こう謡うことも自然だったのでしょう。このように、後半は宗教色濃いものになっています。

『夕顔』後シテ［撮影・石田裕］

私は、なかなか演じられることがない『夕顔』を平成二十五年八月に、秋田県大仙市の唐松能舞台で、小書「山端之出《やまのはので》」で勤めました。屋外の舞台、猛暑の夏もあとわずかと感じさせるさわやかな風が吹く中での演能でした。この小書は前シテの出の演出が変わり、曲を象徴する「山の端の心も知らで」の歌をより印象づけ、シテの心細い境遇を際だたせるものです。

夕顔という女性をどう描くか、『半部』と『夕顔』を見比べてみるのも一興ではないでしょうか。

## 『小原御幸《おはらごこう》』で描く平家物語

源氏物語が語られた後はやはり平家物語です。第二章で見たように、平家物語の男たちを取り上げた能は名曲ぞろいですが、女性をシテとした能もいくつかあり、なかなか味わい深いものです。

ここでは『小原御幸』（他流では『大原御幸《おはらごこう》』）をご紹介しましょう。この曲は平家物語の「灌頂巻」に基づいて創られており、作者は世阿弥ともその周辺の者とも言われています。

平家物語の最後は「それよりしてこそ平家の子孫はながくたえにけれ」と完全に平家が滅亡したことを述べ、完結したかに見えます。「灌頂巻」はその後に置かれた巻で、なぜ完結をみた後にこのような巻が配されたかについてはいろいろ議論があるようです。

「灌頂巻」には建礼門院が出家して大原寂光院に幽居し、先帝・安徳天皇や平家一門の人々を弔い、自らの往生も願って、静かに暮らしているところに、後白河法皇が訪ねて来て、生きながら体験したという六道の物語や安徳天皇の最期を語らせ、やがて還幸となったと綴られています。ここまでが能『小原御幸』で描かれるところですが、「灌頂巻」はさらに女院の最期、阿弥陀如来に導かれるように静かに息を引き取ったことを語り、おそばに仕えた者たちもみな往生をとげたと結ばれています。平家物語の巻頭の「祇園精舎の鐘の声、諸行無常の響きあり」の鐘の音や無常の響きが、ここに繰り返し響いているようでもあり、空しく死んで行った平家の人々の菩提を弔う人の存在を描くことで鎮魂しているようでもあります。

この「灌頂巻」によって、それまでの、平家一門は幼子もみな殺されたという寒々とした叙述に、安らぎを与えているように思われます。

能『小原御幸』は登場人物が多いですが、重要人物はシテの建礼門院とツレの後白河法皇です。建礼門院は平清盛の娘・徳子で、後白河法皇の息子の高倉天皇の中宮になり、後に安徳天皇となる皇子をもうけます。清盛の後ろ盾もあり、国母として高貴で優雅な暮らしぶりだったことでしょう。しかし、平家の栄華はつかの間、壇ノ浦の戦いで一門の者はほとんどが死に、子の安徳天皇も二位殿（清盛の妻）と共に海に沈みます。自らも続いて入水しますが、源氏の武士に助けられ都に連れ戻されてしまいます。その後は安徳天皇や一門の人々を弔うために大原寂光院に幽居します。

一方の後白河法皇といえば、平家と縁戚関係を結び、時の権力に取り入っておきながら、源氏が巻き返してくるや、平家追討の院宣を出し、平家滅亡へと追い込んでいく大変な策士です。建礼門院の舅にあたり、安徳天皇は孫ですが、孫をも見殺しにすることを厭わなかった人物です。

そんな後白河法皇が、建礼門院が侘び住まいする寂光院に訪ねてくるのですから、建礼門院の心中はいかばかりだったでしょう。しかも、建礼門院の姿を見るやいなや、壇ノ浦で生きながらにしてみた六道（地獄、餓鬼、畜生、修羅、人間、天上）の世界を語って聞かせよ、先帝・安徳天皇の最期を物語せよと迫る残忍さです。今は完全に弱者の立場である建礼門院は問われるままに、その有様を語りますが、静けさ、諦念の中にも、一瞬怨みの炎が燃え立ったのではないでしょうか。後白河法皇と建礼門院の間の緊張感、鬼気迫る場面です。ここを、二人はともに出家して法の人、神仏に帰依している身なのだ、どろどろした感情を乗り越え、法皇が幽居する嫁を慰めるためにお忍びでやってきたと見ては、『小原御幸』の凄さに本音を理解できないのではないでしょうか。

建礼門院はもとより、この後白河法皇という人物、策士であり、かたや今様に凝って喉をつぶすほどの遊び人、聞かれたくない六道の様をほじくり出す神経の持ち主、この大変な悪役を演じるには能役者としてのスケールの大きさが必要な上、直面（面をかけず、自らの顔を面のようにして演じる）という難しさもあります。ある貫禄をもった役者が法皇を演じなければ、『小原御幸』は成り立たないのです。

その意味で思い出に残る舞台があります。それは平成十四年一月、広島県廿日市市のさくらホールの公演です。シテの建礼門院は父・粟谷菊生、ツレの後白河法皇は観世榮夫氏という異流共演でした。当時父は七十九歳、やや足に痛みもあり、肉体そのものは若き建礼門院とは遠いはずですが、寂寥の中に凛とした風情と品格、そこにはまぎれもなく建礼門院が浮かび上がり寂光院『小原御幸』の世界が創り上げられていました。その舞台をみて、父の役者としての偉大な力を感じたものです。法皇役を引き受けてくださった観世榮夫氏は俳優として映画や舞台でも活躍した方で、その演技力には定評があります。法皇役はシテと対峙する重要な役どころ、この役をこなせる能楽師は極めて少ないという、この言葉に異論をはさむ人はいないでしょう。父が「こんなにいい法皇はないなあ」と榮夫氏を讃えたところ、「悪役だからだろ」とかわされましたが、観世榮夫氏という法皇役の素晴らしさをつくづくと感じさせられました。七十九歳と七十四歳、朋友二人の息のあった熱演を見ることができ、今でもその情景が浮かびます。

この舞台で私は地謡を勤め、地頭の粟谷能夫の隣、後列の端に座り謡う機会をもちました。父は私に

『小原御幸』の地謡について、「他流の地謡はきれいな絵巻物のように美しく謡うが、喜多流のそれは、ただきれいというのではなく、描かれている物がぐにゅぐにゅ動き始めるように謡うのだ」といいます。絵巻物の中にある炎が燃え立つように、劇的に謡ってこそ喜多流としての『小原御幸』なのでしょう。前半はしっとりとですが、後半のクセの部分、後白河法皇に問われて六道の様を語るあたりは強く気持ちを込めて謡います。そして最後、先帝の入水する様を語るシテの長い語りとクドキの後、地謡の「御裳濯川《みもすそがわ》の流れには、波の底にも都ありとはと」は、ぐんと高揚していき、音も甲高くなり大合唱となれば合格です。

また、『小原御幸』という曲は、一曲の中に舞が入らない珍しい曲です。室町時代には演能記録が見当たらず、初めは謡い物として作られたのではないかといわれています。舞がなくても能が成立するということは、『小原御幸』全体が、強い訴えかけのある謡で占められているからでしょう。謡が重要な『小原御幸』、これをいかに謡うかは課題です。私自身は中学・高校までは大曲のため、『小原御幸』の舞台には上れませんでした。二十歳近くになって、地謡前列で謡い、父の地頭の声を背中に聞き、伯父・新太郎や友枝喜久夫《ともえだきくお》先生の建礼門院の謡を聴きました。そして、四十代の研究公演では地謡後列で謡うことができました。数多く謡う機会があり、自分なりに探り、謡い込んでこそ、建礼門院の悲しさや後白河法皇の怖さがわかって来ます。名文に酔い、節使いに胸が高鳴り、心が張り詰めてくる、こんな経験をしながら、謡の魔力に取り憑かれていきます。こうして、肌で感じた父や先達の謡が継承され、また私から次の世代へと伝承されていくのです。

藁屋の作り物に並ぶ尼姿のシテとツレ。印象的な出だしですが、花帽子をかぶるため、役者はやや酸欠状態となります。そのなかで役者も地謡もあの長い聞かせどころ満載の謡を懸命になって謡っています。そのあたりを観て、聞いていただければと思います。

## 破之舞、イロエ、働きとは？

喜多流で破之舞があるのは、太鼓物では『羽衣』、大小物では『野宮』、『松風』、『二人祇王』の三曲だけです。

破之舞とは「本音の舞、二の舞ともいって、主人公の具象的な表現の本音である」と伝書にあります。通常の舞は歌舞音曲の形式にのっとって舞う抽象的な動きや型で、舞手の気持ちを表現しますが、破之舞には、演者よりはその役の者の心がある、本音の舞であると教えられています。通常の舞と破之舞、この二つの舞の表現法を区別し意識することが能役者として大事な心得です。

喜多流の九代古能（健忘斎）は「舞の後の破之舞は難しい。が、もっと難しいのがある。それは舞後のイロエや働き（具象的、説明的な動作）。余韻をあらわす、これが一番難しい」と言っています。囃子方があまりにすばらしく囃したご褒美に、シテがもう少し舞い続けたいという気持ちから足拍子を踏み出すと、自然にイロエや働きになるという約束事ですが、一つの舞を舞った後に本音の心を表す、まさに能の世界にしか表現できない不思議な独特な世界の所作だといえます。

## 謡の覚え方と上達の秘訣

謡は能という戯曲の詞章（文章）を声を出して謡い上げるものです。私たちシテ方の能楽師は詞章をすべて暗記します。文楽の義太夫や歌舞伎の長唄などの謡い手は、詞章が書いてあるものを見ますが、能では役者はもとより地謡も謡本を見ることはありません。芝居の役者さん同様、台詞覚えも仕事の一つで、これが一苦労です。

若い時分は、謡を覚えるのは鵜呑み、丸暗記です。頭脳も柔らかいからか苦もなく覚えられました。しかし大人になると、脳細胞が減るせいか、覚えるのに二倍は苦労します。従って若い時期にたくさん覚えておくと後が楽です。しかし、大人になったらそこ留まりではどうでしょう。それだけでは舞台芸術にはならないからです。大人には大人の覚え方が必要です。節扱いの理屈がわかり、曲や詞章の意味を知り、型（動き）を把握し、謡声でフォローする意識を伴って覚えるのです。そして、謡としての深い味わいを音として出していかなければなりません。

ここで、謡を習われている謡曲愛好家の皆様に、謡上達の秘訣をお教えしましょう。それは舞台人同様暗記することです。謡を暗記して声を発すると、その謡の言葉が生き生きと響いてきます。下を向いて謡本を読んでいると、どうしても声の通りがよくなりません。暗記して背筋を伸ばして声を前に飛ばすように出し、身体全体を楽器のように共鳴させます。

そして、能をたくさん観ること。そのとき謡本を見ながらでなく、舞台に目を向けて鑑賞されるといいでしょう。すると謡うときに、見た能の光景が思い出されます。きっと上手に聞こえるはずです。

### シオリ

能では泣いている様子を「シオリ」という型で表現します。この型、喜多流では、シテは左手にて二回、ツレは右手にて一回、下から額に向けて手をすくい上げる単純な動作です。普通は片手ですが両手を使う場合もあります。

『羽衣』でのシオリ［撮影・石田裕］

『楊貴妃』という曲は動きの少ない曲ですが、この「シオリ」の型が頻繁に出てきます。他の曲にも嘆く場面にはよく出てくる型で、決しておろそかにはできません。

簡単な動作ですが、これを無造作に型をなぞるだけで行うと、世界に誇る日本演劇の能としてはいただけないものになります。能の演技としてのシオりには心の作業が必要です。演者自身の体の中に悲しさ、ブルーな気持ちを起こし、それにより自然に体が前に倒れ始め、面のウケを曇らせ悲しい表情とします。涙腺が緩んで涙がこぼれ落ちる、思わずその涙をぬぐおうとする、その動作を表しています。これを型だけ真似た所作では本当の強い表現ができません。この単純な型を行うために、能役者は大汗かきながら歯を食いしばって身体を鍛え、必死に柔らかい手の動きで悲しさを表現しています。演者は体を張って泣いているのです。

こういう削ぎ落とした型のなかに、自然な心の発露が生まれ、能独特の表現方法となるようです。

## 究極の女面「痩女《やせおんな》」

女面には若い「小面」、「孫次郎」、「若女」、「増女」、やや歳が上がって「浅井」、「深井」、「曲見《しゃくみ》」、老け役に「姥」、「老女」などがあります。

変わったところでは、眼に金泥をつけた「般若」や「泥眼」、これらは怨霊系の面に分類されることもありますが、女の苦悩や恐ろしさを表した面です。

女の哀れさを表した究極の面といえば「痩女」ではないでしょうか。頬の肉が落ち眼は虚ろ、苦悩して疲れ果てた表情です。『砧』や『定家』、『求塚』の後シテの面として用います。喜多流では「痩女」をつけるとき、そのやつれた表情に合わせて、特殊な足遣いをします。必死に前に歩もうとする重い足取りで、一歩一歩細切れのような歩行、これを「切る足」と呼んでいます。「切る足」は扱いのさじ加減が難しく秘伝とされています。

# 第四章　狂

## 物狂能とは?

「狂」のジャンルですぐに思い浮かぶのが物狂能（狂乱物）です。女性が主人公のものを特に「狂女物」と呼んでいます。この章で取り上げる能には、「狂」に象徴される物狂能と、それに限らず、さまざまな人間ドラマを描く能が多く含まれ、雑能ともいわれています。子を失って悲しむ母や父、すれ違った夫婦、男と女の三角関係、男の生き方など、現在にも通じる普遍的なテーマが存分に描かれます。最も文学的で、芝居的なジャンルと言えるかもしれません。

さて能における「狂」とはどういうものでしょうか。現代使われる精神病的な意味合いとは異なり、憑き物によって、あるいはある強い思いによって自らを失っているような状態をさし、それで狂い舞うようなことを言います。申楽の時代は「狂」と「舞」がほとんど同義語だったようで、能で「面白う狂うて見せ候へ」などと求められるのは、旅する芸能者などに、面白く舞ってほしいというほどの意味で、遊興的、遊狂的な趣向となります。物狂の能では、このような遊狂的な舞ができる者が主人公になることが多く、しかし彼らには悲しいできごとがあって、自分を見失うような精神状態にあり、旅の途中、ふらふらと心も上の空で登場します。

では、狂い舞うほどの強い思いとはどんなものなのでしょうか。世阿弥は「親に別れ、子を尋ね、夫に捨てられ、妻に後《おく》るる、かやうの思ひに狂乱する物狂ひ、一大事なり」と述べています。このような人としての深い悲しみを描く物狂の能は、その「狂」の原因となるものを深く掘り下げ、心に分け入って演じなければならないと警告します。

しかし、それが出来れば面白い能になると述べ、物狂の能は「この道の、第一の面白尽くの芸能なり」とも宣言します。さらに「狂うところを花に当てて、心を入れて狂へば、感も、面白き見所も、定めてあるべし」、このようにして、「人を泣かす所あらば、無上の上手と知るべし」と続けます。

深い悲しみを掘り下げる劇的な要素と、「面白う狂う」という遊狂的な要素がうまく溶け合えば、自然と観客の涙も誘い、能らしい面白尽くしの芸能になるということでしょう。

能という芸能では、我を忘れて遊狂的に舞うことで、主人公自身、深い悲しみから自らを救済しているように見えます。そして、「面白う狂うて見せ候へ」と乞う劇中の観客も、それを観る現在の観客も慰められ救済されるのではないでしょうか。

先に見たように、世阿弥は狂乱の品々を上げていますが、それらに当てはまる能がたくさんあります。子を尋ねる母の狂乱を描く能には『隅田川』、『三井寺』、『桜川《さくらがわ》』、『百万《ひゃくまん》』、『柏崎《かしわざき》』などがあり、父子邂逅の物語としては『歌占』、『弱法師』、『花月』、『木賊』、『雲雀山』などがあげられます。夫婦や男女の情愛を描くものとして『柏崎』、『富士太鼓』、『梅枝《うめがえ》』、『班女《はんじょ》』、『千寿《せんじゅ》』などなど。まだまだたくさんあります。それぞれにドラマチックで、聞かせどころ、見どころが多く、奥深く、「面白尽く」の能ばかりです。

### 不朽の名作『隅田川』

世阿弥の息子・元雅が生み出した不朽の名作『隅田川』。人気曲でもあり、上演機会も多い曲です。この能も狂女物の能と言われ、最も重い習物の一つに上げられています。世阿弥作の狂女物は最後には母子再会となり祝言性が重視されたのに対して、元雅が描く『隅田川』は捜し求めた子供はすでに亡く、墓前で子の幻に会うという、最後までアンハッピーな作品です。

これをどう描くか。ただ暗く悲しい物語と描くだけでは、能の能たるところを外して、粗末な作品になってしまいます。しかし、『隅田川』は謡中心の曲で、最初にわずかにカケリがありますが、舞と呼べるものは無く、非常に少ない動きの中でさまざまな感情を表現しなければなりません。舞う要素が少ないだけに、基本動作のシカケやヒラキ、型の模写だけでは到底叶わず、複雑で微妙な動きや謡に込められた芝居心といったものが問われます。かといって、生硬でリアル過ぎる演技では能の仕組みを逸脱してしまいます。能の仕組みの中で精一杯の芝居心、ここに演者の工夫が求められ、現在物『隅田川』の難しさがあります。

我が家の伝書に「此能哀傷第一也、然れども能の哀傷は哀しきことにては無し、無常なること也」とあります。なるほど、これがスタートだな、すべてのものがこれに含まれると感じます。『隅田川』は哀しく傷ましいお話ですが、そこに狂女物らしい詩情も含まれていなければと思います。父・菊生が「昔、こういう悲しい物語がありましたと、どんな能も祝言の心で終わるんだよ」と言っていたことが思い出されます。役者の体の中でいろいろな感情や人生体験が濾過され、それを突き抜けたもの、伝書では無常という言葉を使っていますが、そういうものが表現されるとよいのでしょう。

舞台はワキ（渡し守）の名乗りから始まり、ワキツレ（旅の商人）の登場・道行となります。その後に、笹を手にしたシテ（梅若丸の母）が一声で登場します。笹は狂女を象徴する持ち物です。『隅田川』のシテは、物狂という、一つのことを思い詰める、つまり人商人にさらわれた子供（子方・梅若丸）を探して、都から遠く東国の果てまでやってきたという物思いをもっています。

一声の謡「人の親の心は闇にあらねども、子を思ふ道に迷ふとは」は、親の心情が凝縮されていて、非常に難しい謡いどころです。『隅田川』という曲は位取りも高く、大変重い曲ですが、ただ重苦しく暗い表現だけでは駄目で、慕情を込めながら強い訴えかけがなければなりません。登場した段階では、まだ子供が死んだとは知らず、希望をもっています。都から遠い東国まで旅する気力もあります。だからここは、子供と別れ別れになっている今の境涯が悲しいという表現にならなければならないのです。

ただ重く暗く謡うと、先人たちは「駄目だね、子供の死を知っているような謡い方だ。隅田川の白頭かい、老女物じゃあるまいし」などと言われたようです。伝書にも「初めより哀をみゆるもの嫌うなり」と注意書きがあり、演者の心得として肝に銘じる大事です。

「聞くやいかに、上の空なる風だにも、松に音する習いあり」

（聞いて御覧なさい。上の空の風だって、待っている松には音をさせて吹くではありませんか。なのに、こんなに子供を待っている私に何の音、便りもない）

と謡い、カケリとなります。短い動作ですが、ここに物狂の体《てい》を見せます。そして、我が子が人商人にさらわれ、東に下ったというので、自分もはるばるやってきたと、シテの事情を謡い、道行となって隅田川に到着します。

渡し守に船に乗せてほしいと頼むと、都の人のようだが狂女のようだ、「面白う狂ひ候へ」、狂わなければ船には乗せないと言われてしまいます。ここに「狂女物」らしい「面白う狂ひ候へ」が登場します。そこで乗せる乗せないの問答となり、渡し守の「都の人とて名にしおひたる優しさよ」という言葉で、在原業平の伊勢物語の歌に導かれていきます。

「名にしおはばいざ言問わん都鳥、我が思ふ人は在りや無しや」

東下りで遠い地に来た業平が都鳥という鳥を見て、都を思い出し、都に残していた妻を偲び、この歌を詠うと、まわりの家来たちがこぞって涙したという歌です。シテは同じ東の果てまでやってきて、業平が思う人は妻、私が思う人は行方を尋ねている子供、思いは同じなのだと訴えます。このシテとワキの問答は前半の一つの山場です。

和歌を織り込んだ粋な問答で、シテは都の女の優雅さや凛とした姿を見せます。ここは美しく進め、遊興の趣を出していくところです。このあたりから舞台に死相が出るようでは作品の意図に反します。問答の後の地謡「我もまた、いざ言問はん都鳥」の段はぐんぐんテンションを上げ華やかに謡い上げていきます。こういう華やかさを寂しい曲の前半にもってくるところに元雅のうまさがあります。伊勢物語から歌を引き、優雅な都の情緒を引き出す、まさに遊興的な趣。物狂の能にはこのような一面があります。

ついに船に乗せてもらい舞台は船中となります。すると、なにやら向こう岸から大念仏の声が聞こえてきます。大念仏とは大勢で念仏を唱えることをいい、おそらく平安後期の良忍（一〇七二〜一一三二）の説いた「融通念仏」の影響を受けているのでしょう。一人で念仏を唱えるよりは、多くの人が念仏し互いに融通し合って往生するという思想で、この阿弥陀信仰が以後の時宗にも影響を与えて、室町時代の能の聴衆にも通じるものがあったのではないかと私は思っています。

船中では、旅の商人に「あれは何事か」と聞かれ、渡し守が事情を語ります。一年前人商人に連れられ都から来た子どもがこの地で病を得て空しくなった、今日はその正命日で大念仏をしていると。最初は人ごとに聞いていたシテですが、都北白川と自分の里の名前が出た瞬間に聞き耳を立て、最後その子が死んだとわかると、愕然とし、母の心の支え、希望の糸が断たれます。船で川を渡っている間に、子供は生きているという希望から死んだという絶望へと暗転します。隅田川はあたかも生と死を分ける川のようにとうとうと流れ、あちらの岸はまさに彼岸のようです。

渡し守が語り終わり、船が向こう岸に着いても呆然として立ち上がれないシテ（母）。死んだ子というのは本当に自分の子なのか。それは「いつのことか」「どこの者か」「父の苗字は」「稚児の年は」「稚児の名は」とたたみかけるように聞いて、確かに自分の子だと絶望の淵に落ちていく、そのワキとの問答の謡も難しいところです。ここをいかに表現するかが『隅田川』という曲全体のテーマであり、先に述べた、能

『隅田川』［撮影・石田裕］

の仕組みの中での芝居心の葛藤となるのです。

狂女の子供が、今まさに念仏している子だと知ると、渡し守は母をいたわり、そっと手を添えて、塚の前まで連れて行きます。ここで船中から塚へと場面が変わります。

『隅田川』のワキは、最初は粗野な地元の渡し守ですが、船中で子供が死んだ経過を語る重要な役どころであり、また、探していた子がまさにその子であるとわかったときのシテの嘆きを見て、シテをいたわるやさしい渡し守に変身して付き添うという大役です。

シテの意識も、前半の女物狂から後半は母そのものへと変化します。その変化は例えば足の運び方にも現れます。前半は普通の運び（摺り足）ですが、船を降りて塚まで導かれていくときから、運びは老いの足（抜く足、切る足）といって、力のない、よろけるような運びに変わります。

塚に案内されるとクドキの謡となり、地謡の「此の土をかえして今一度、此の世の姿を母に見せさせ給へや」でワキに迫り泣き崩れる母。そして地謡がもっとも静かにしっとりと無常を謡う「残りても、かひあるべきは空しくて」の段、ここをシテは下居して静かに聞きます。現在物の能にあって、唯一幽玄な雰

『隅田川』子方・友枝雄太郎［撮影・石田裕］

囲気となるところです。

やがて念仏の段になって弔いが始まりますが、ワキは鉦鼓《しょうご》を用意し、シテに一緒に念仏することを勧めます。私はここで鉦鼓をチーンチーンと実際に打ち鳴らします。鳴らさない人もいますが、私は鉦鼓を一つの楽器として、その音がより一層の悲しみを表すのではと思っています。

念仏の謡に子方の声が聞こえ始めると舞台はクライマックス。声とともに子供の幻影が現れ、「あれはわが子か」「母にてましますか」と互いに手を差し出し抱き合おうとしますが、悲しいかな幻で、お互いすれ違ってしまいます。そして「面影も幻も見えつ隠れつする程に、東雲の空もほのぼのと明け行けば……」と、朝日の光に我が子の亡霊がかき消され、そこに立ちすくむシテの姿を描いて終曲します。

もう二度と子には会えない、これからどうして生きていったらいいのか、絶望するシテに、広大な関東平野の無常の夜明けです。もう一方で塚から離れないという塚への愛着。この二面性を、脇正面から正面へ空を見上げる型と、塚に手をかざしてじっと見込み、最後に正面を向いてのシオリ（泣く型）だけで表現します。ここはまさに能ならではの表現です。

この最後の場面で子を出すか出さないかは世阿弥と元雅の問答が有名ですが、現在でもいろいろな考え方があるようです。これについては第一部第一章の『隅田川』の子方の項でくわしく述べましたが、私はやはり、この悲劇の最後にかわいい子の姿が現れることで、何か救われ、ほっとできるので、子方を出したほうがよいと考えています。父が言う「昔こんな悲しいお話があった」と気持ちを落ち着かせ、終曲できるのではないでしょうか。

『隅田川』は大曲ですが、昭和三十、四十年代のころは学生鑑賞会で頻繁に演じられていました。当時の古文の教科書の古典芸能の項目で、能『隅田川』が取り上げられていたため、現場の先生が学生に能を見せたいと考え、先代宗家実先生も早くから学生に能を見せることを提唱され、率先して学生鑑賞会を開き、自らも多く演じられました。ちょうどそのころ私は子方として駆り出され、実に演能記録は六歳から十歳まで十五回を数えます。そのうち十一回は学生鑑賞会、六回が実先生のお相手でした。

シテとしての披きは「粟谷能の会」（平成八年）で四十一歳のときでした。子方は息子の尚生が勤めました。『隅田川』を披くにあたり、「どのように言うと、父は許してくれるかな」と従兄・能夫に相談したら、「もし駄目と言われたら、自分の子供が子方をするときにシテができないような役者では悲しいじゃないですかと言うから」と言ってくれていました。ところが、いざ、父・菊生に話してみると、『隅田川』かあ、いいねえ」の一言。この一言で終わったことがあっけなくもあり嬉しかったことを懐しく思い出します。その後、日立能（平成十五年一月）で再演を果たしましたが、披きのときよりははるかに手ごたえを感じました。このような傑作は三回、四回、いやもっと勤めることで、完成型に近づける、それが能楽役者の義務であり使命だと強く思っています。

### 観世元雅の能

観世十郎元雅の能として『隅田川』を詳細に述べてきましたが、私はこの元雅という人物の能は異彩を放っていると感じています。

元雅は世阿弥の嫡子ですが、ときの将軍、足利義教が世阿弥の甥（一時期は養子）の音阿弥を寵愛し、世阿弥や元雅を遠ざけたため、不遇の生涯を余儀なくされ、三十代の若さで客死しています。そのためかどうか、『隅田川』、『歌占』、『弱法師』、『盛久』に代表される元雅の作品は暗いテーマを扱い、最後に多少の光明（『隅田川』は最後まで救われないが）を見せながらも、どこかに闇の部分を残して終わっています。

『歌占』ではシテの渡會の某は伊勢の神職にある由緒正しい血筋のはずですが、家族も捨て、神職もなげうって、遊芸（歌占い）を生業にして放浪の旅に出ます。自分の人生はこれでよいのかと苦悶してのことでしょう。現代の若者にも当てはまることです。そして旅の途中、神罰に当り頓死して地獄を体験し、三日のうちに生き返って再びこの世の生を与えられるという、臨死体験、異様な体験をする設定です。

舞台は、シテのもとに、歌占いの評判を聞いて、ワキ（里人）が親と生き別れの子方（幸菊丸）を連れて

『歌占』［撮影・石田裕］

やってきます。ワキが父親の病について占ってもらうと、回復に向かっていると答え、子方が占ってもらうと、その父にはすでに出会っていると答えます。つまり、子方の探していた父はシテの渡會の某だったのです。シテと子方の再会となり、ワキの所望によりシテは地獄の曲舞を舞い、神がかりとなります。やがて、狂乱から醒めると、父は子を伴い伊勢へと帰っていきます。

歌占いの段は難しい言葉の羅列で、当時の宗教観や世界観がわからないと理解に苦しむところが多くあります。しかしそれがわかると、歌占いに込められた雄大な宇宙観にふれ、興味尽きないものになります。地獄の曲舞や神がかりの段はこの曲の山場で、シテとしても大事な型の連続で、見せどころです。元雅は地獄の様を見せることで、人生や生き様、死を考えさせようとしたのではないでしょうか。

『弱法師』は父・高安左衛門通俊（ワキ）の後妻の讒言により、父に捨てられ、悲しみのあまりか流浪の果てか、病を得て盲目となり、乞食として生きるしかなかった孤独な少年・俊徳丸（シテ）の悟りと諦念、そして法悦を描いています。

父は、一度は捨てた子ながら俊徳丸を不憫に思い、天王寺で彼岸七日間の施行を行います。天王寺には悲田院があり、乞食や病人が大勢集まり、施しを受ける場所がありました。通俊も施しの行を行ったわけです。そのちょうど中日（時正の日）に俊徳丸が杖をついて現れます。俊徳丸は盲目で杖にすがってよろよろ彷徨っているので「弱法師」と呼ばれていますが、天王寺の縁起などを語り喜捨を受ける芸能者の立場です。それでも梅の香に心を寄せる生まれもっての品のよさ。時正の日はまさに日想観《にっそうかん》の日です。日想観は真西に沈む太陽を拝むことでその先にある西方極楽浄土を想い願おうというもの。盲目の俊徳丸も、日想観なればこそ「満目青山は心にあり」で、あたりの青山が心で見渡せる、「おう、見るぞとよ、見るぞとよ」とばかり歓喜しますが、盲目の悲しさで、貴賤の人に突き当たり、よろけ、ころび、杖を落として笑われてしまいます。ここを謡い舞うのがこの曲の一番の見せ場で、仕舞どころのクルイです。

『弱法師』舞入［撮影・石田裕］

　最後はロンギ（謡の中の掛け合いの段）の形式で、俊徳丸と通俊親子の対面の場面になります。ですが、父と子は一つの舞台に居ながら、なかなか対面せず、焦らして焦らしての対面、私はどうしても、この再会が祝言ひと色には見えないのです。俊徳丸は父に会ったが自分はこの先どうなるのかという不安を抱え、通俊にしても、讒言によってこの子をこんな酷いことにしてしまったという後悔と戸惑い、これらの負を二人が背負っていかなければならない暗くて長い旅路を暗示させます。再会は〝うれし〟だが、戸惑いも隠しきれない、現実とはこうではないか、もっともっとこのテーマを掘り下げてほしいと、元雅らしいメッセージが伝わってきます。

『歌占』も『弱法師』も男物狂物と言われます。『隅田川』にしても、これらにしても、元雅が描く闇の世界は、人間の本質や社会現象を的確にとらえています。『隅田川』で描く人買いや人さらいは、現在の私たちには無縁と思われそうですが、決して過去のものではなく、いつの世でも人が理不尽に連れ去られる行為は存在しているのではないでしょうか。元雅という人は、当時の世相から、普遍性のあるできごとを鮮やかにすくいとり、その中で親子の別離や生と死という永遠不滅のテーマを提示し、不幸な結末となるのも真実なのだと、現実をまっすぐに見つめ描き切ります。どの作品もドラマチック、それでいて、古典の雅な趣も取り入れ、地獄や極楽浄土、法悦も描き、遊興的な気分も盛り上げ、能としての作劇のうまさが光ります。

元雅の能は父・世阿弥が確立した幽玄、夢幻能というよりも、どちらかというと祖父・観阿弥に似た作風、現在能という形で人の心と信仰心を感じさせるつくりで、両者の影響を受けながら、元雅らしい新境地を開拓したといえるでしょう。彼がもう十五年、いや十年でも生きて、能の作品をものにしてくれたら、能という歴史も違ったものになったかもしれない、そう言われるほど、元雅という人の短い生命の中に凝縮した輝きがあったように思えます。それは、世阿弥も「子ながらも類なき達人」と讃えたほどです。世阿弥にとっても嫡子・元雅の早世はショックで、彼の人生に暗い影を落としています。私も元雅の作品に取り組むたびに、観阿弥や世阿弥とは違った元雅の魅力や才能を感じ、もう少し長く生きて、多くの作品を残してくれていたらと思ってしまいます。

## 関での攻防を描く『安宅』

義経は平家追討に活躍しますが、後に、兄・頼朝との関係が不和となり、奥州陸奥へと逃避行となります。能『安宅』はその逃避行の途中、安宅の関を、弁慶をはじめとした主従の思慮と沈着な行動、機知で突破する、緊張感あふれる場面を描きます。

能『安宅』も人気曲ですが、この演目は歌舞伎十八番の一つ『勧進帳《かんじんちょう》』としてよく知られ、文楽などでも戯曲化され、多くの人々に愛されています。

能『安宅』は形式的には中入りのない一段でできていますが、場面をかえた三場構成とみることができます。一場は都から安宅の湊までの道行と関所手前の作戦会議まで、二場は関所におけるワキとの問答から、最後の勤行、勧進帳の読み上げ、主君打擲と実力行使で通過する見せ場満載の場、三場は関所通過後の休憩と関守の来訪、酒宴饗応と男舞、一行の逃走まで。三場は謡あり舞ありで、能らしいつくりですが、一場と二場は台詞を中心とした劇的な場とされています。

一場の義経主従の登場と連吟がまずは印象的な場面です。義経（子方）と弁慶（シテ）、それに義経の郎党（立衆）七～八人、アイも含めて十～十一人、正面先に向き合って並び、連吟となります。能でこれだ

『安宅』延年之舞［撮影・吉越研］

けの人数が登場し謡う曲は珍しく、壮観です。

「旅の衣は篠懸《すずかけ》の、旅の衣は篠懸の、露けき袖やしをるらん」

篠懸は修験者が着る麻の衣。義経主従は修験者・山伏姿に身をやつしての逃避行です。篠懸は篠の露を防ぐもので、露けき袖はまた逃避行の涙に濡れる袖でもあります。

供のものは弁慶を先立て、伊勢の三郎、駿河の次郎、片岡増尾常陸坊ら主従十二人であると名乗り、道行となります。能らしい定型の聞かせどころです。

「時しも頃は二月《きさらぎ》や、……月の都を立ち出でて、これや此の行くも帰るも別れては、行くも帰るも別れては、知るも知らぬも逢坂の山隠す、霞ぞ春は恨めしき」

この出から道行の謡は、全員で気持ちを合わせ、力強くノリよく謡いたいところです。ダラダラ謡っていては緊張感が生まれません。「落ちていく義経一行の姿と喜多流の力強い謡とは似合わない」と評される方もいらっしゃるようですが、私は喜多流の力強い謡が、またいつか再興しようと志す武士団の気運を表現していると思っています。もちろん強い声と乱暴な大声を取り違えてはいけませんが、気概をもって謡わなければいけないところです。私が子方時代に聞いた諸先輩の道行は物凄い迫力で、子供ながらにぞくぞくするものでした。そうありたいといつも思っています。

関が近くなり、作戦会議です。すでに義経一行が作り山伏十二人となって下向しているという情報は伝わっていて、新関を設けて厳重に取り締まるよう全国に通達が飛んでいます。このますんなりと関を通ることは難しかろうとの作戦会議です。今の姿のままではどうみても目立ってしまう義経。ここは篠懸を取り肩に笈をかけ菅笠を深くかぶって強力姿に身をやつしてもらおうということになります。そして本当の強力に関の様子を偵察に行ってもらうと、関はものものしい警備の様子。なにやら烏がつついている黒いものがあるが、見れば山伏の首ではないかとの惨残な報告です。

このような緊迫した状況設定のなか、主従はいよいよ安宅の関に乗り込み、二場となります。関では関守・富樫（ワキ）が一人の山伏も通さないと立ちふさがっています。そこへ十二人の山伏、怪しまれるのは当然です。弁慶が南都東大寺の大仏建立の勧進のために遣わされているといくら説明しても、「一人も通し申すまじく候」と富樫も一歩も引きません。そこで、弁慶は「作り山伏なら止めなければならないだろうが、真の山伏だったらどうなのか」「真の山伏を通さないのでは熊野権現の御罰になるのは当然」と脅し、真の山伏らしく数珠を揉み出だして迫ります。ここのやりとりもテンポよく進めるところです。

ついに富樫は「勧進というならば、勧進帳があるだろう、勧進帳を読め」と迫ります。読めと言われても、もともとそのようなものはありません。しかしここは落ち着いて、弁慶は笈の中から巻物一巻を取り

『安宅』［撮影・石田裕］

出し、勧進帳と称して高らかに読み上げます。ここは二場の聞かせどころ、歌舞伎『勧進帳』の題名にもなっている山場です。往来の巻物（手紙の文例集）を読み上げるのですから、最初は苦心の心持ちでゆったり謡い出しますが、だんだん流暢になって、言葉があふれてくるようなスピード感、ノリのよさを大事に謡います。最後は「敬ってもおすと、天も響けと読み上げたり」と宣言するのですから、本当に見所《けんしょ》の奥まで響き渡る大音声で謡わなければ説得力に欠けます。節扱いも拍子のあたり方も難しく、囃子方との呼吸も合わせなければならない難しい場面ですが、囃子の拍子に合わせるだけで満足しないで、詞章の内容を体に入れ意識を高めて謡わなければ勧進帳は成立しません。関の人々はこれで肝をつぶし、山伏達を通そうとします。第一の危機突破です。

しかし、やれやれとする間もなく、富樫に「強力は止まれ！」と言われてしまいます。立衆は「我が君を怪しむのか」と一瞬気負い立ちますが、弁慶が「慌てて事を仕損ずるな」と制し、ここは冷静に「なぜ？」と聞きます。「人に似ている」、「誰に？」、「判官殿（義経）に似ている」と、怪しまれ、第二の危機です。弁慶は、強力め、これまでも足手まといだったのに、判官殿に似ているなどと言われて足止めされるとは、腹立たしいと、義経を金剛杖で散々に打擲します。それでも富樫は頑として「通すまじ」と譲りません。弁慶はさらに、強力の笈に目をかけるとは、盗人のようだとか、賤しい強力に刀を抜くのは臆病者の振る舞いだと言いがかりをつけ、立衆もたまらず、刀を抜きかけ勇みかかります。この有様は天魔鬼神も恐れるほどだったと詞章が綴る大きな見せ場です。

このシテ方とワキらが「押し合い」となる場面。七〜九人の演者がまるで満員電車に乗っているように身体をすりつけ窮屈の様を舞台中央で展開します。肩と肩が触れ合うことで緊張感が出せる面もありますが、それぞれがもう少し離れ、型として、全員が押されれば下がる、下がれば押し返すというような大きな動きができないかと、初演のとき考えました。様式を整えた型としての動きでいて、全員がまっすぐに富樫を見据え、一歩も引き下がらないという気持ちが重要です。芝居心を持つ能役者の動きを能の様式美として観ていただく、能の表現のギリギリのところで演じ、力強さも出せれば最高位と思うのです。

いずれにしても、『安宅』では、シテや子方、立衆全員から関を突破する意気込みが感じられなくては、観ていて面白くありません。そのためには各役者がそれぞれの謡い方に緩急をつけ、一つひとつの所作も冷静と興奮というような静と動、心の陰陽を彷彿とさせるように心がけ、観客の心を引きつけないといけないのです。

こうして、主従は関を突破するのですが、私が子方時代に不思議に思ったのは、「一行はどうして関を通れたのか」、なぜまた「関守が追いかけてきて酒盛りになるのか」ということです。

私の考えている富樫像は山伏を容赦なく殺す、冷徹で役目に忠実な地方役人というものです。富樫の心の中には、それまで何人もの山伏を殺していて、仏罰が落ちるのではないかという恐怖心があったはずです。それは富樫本人だけでなく、家族や親族、何代にもわたる恐れです。だから、真の山伏ならたいへんなことになる、弁慶たちは富樫にそういう恐れを持たせ、安宅の関を突破しなければならないのです。

歌舞伎の『勧進帳』では、富樫が義経一行だと分かりながら、武士の情けで通したという描き方ですが、『安宅』はそうではなく、弁慶や郎党の力で圧倒し、信仰の力、仏の力で通ったという描き方になっていると思います。

一行が関を突破して一安心、休んでいるところに、富樫が酒を持参してやって来て宴席となり、弁慶は男舞を舞います。これも子供心に不思議に思っていましたが、富樫が本当の山伏だと思ったからこそ、非礼を詫びるのは当時の宗教心厚い中世社会では当然の風習だったのでしょう。それでも弁慶たちはその場を一刻も早く逃れたい気持ちと、富樫を警戒する気持ちで、緊張する場面です。弁慶が舞い終わると、山伏たちは一目散にその場を去り、地謡の「虎の尾を踏み毒蛇の口を遁《のが》れたる心地して陸奥の国へぞ下りける」で終曲、最後まで気が抜けません。黒澤明監督の『虎《とら》の尾《お》を踏《ふ》む男達《おとこたち》』という映画は、能のこの詞章を意識して創られたのではないでしょうか。

私は諸先輩の『安宅』で子方を多く勤めました。高校生で初めて立衆に参加して大人の仲間入りができ、その後、父・菊生のシテのもとに、主立衆を数回経験しました。そしてシテの抜きは平成十一年春の「粟谷能の会」で四十三歳でした。

『安宅』のシテ・弁慶役は直面で勤めなければなりません。能はある意味、仮面劇で、通常シテは面をかけます。たとえば老人を演じるとき、身体や声が少々若くても、尉の面をつければ、不思議にそれなりに見えてきます。面には偉大な力があるのです。しかし直面ではその力を借りることができません。体から発する力をもとに風格を添え、自分の顔自体が面だという意識が必要です。抜きの四十三歳の弁慶、自分の肉体が弁慶になり得るか、少々不安でもありました。歴史的には、都落ちしていく弁慶の年齢はおそらく四十代前半ぐらいだったでしょうから、年齢に不足はないのですが、『安宅』の弁慶の風格を考えると、まだ少し時間が必要に思われました。父・菊生は直面男などと言われ、直面物を得意とし、自身も好んでよく勤めていましたが、本当はなかなか難しいものなのです。

その後、平成二十一年の春の「粟谷能の会」で小書「延年之舞」で再演しました。『安宅』は長い年月をかけ、子方、立衆、シテと、いろいろな立場で演じながら、その時々に思ったこと、感じたことが自分の中にたくさん沈殿していて、その蓄積が大切だと気づかされます。そして、シテだけでなく、大勢の立衆、狂言方、ワキ方、囃子方、地謡、多くの人たちで創り上げていくことの面白さ、素晴らしさを感じることができます。

## 観世小次郎信光の能

能『安宅』の作者は観世小次郎信光説が有力でしたが、近年、信光の生年が宝徳二（一四五〇）年であると判明し、『安宅』の最初の上演記録である寛正六（一四六五）年には信光は十六歳ということになり、作者とするには厳しくなったようです。がしかし、『船弁慶』や『道成寺』、『玉井《たまい》』、次章で取り上げる『紅葉狩』は彼の作品と思われます。劇的な葛藤を盛り込み、面白尽くしのエンターテインメント性のある人気曲を多く生み出し、新しい能の世界を切り拓いた人物として、信光は注目されるべきだと思います。

信光は世阿弥の甥・音阿弥の七男、室町中期から後期に活躍した人物です。世阿弥からは二世代後、およそ七十年ほど後の人と考えておくとよいでしょう。父の音阿弥・元重は世阿弥の弟・四郎の子。世阿弥の養子になっていた時期もあったようですが、その後、将軍・足利義教に認められ、世阿弥や元雅を押しのける存在になっていきました。元雅が早世すると、観阿弥、世阿弥に継ぐ三代目観世太夫になります。世阿弥はその後、佐渡に配流となり不運をかこちますが、音阿弥が時代の寵児となり、今につながる観世流の基盤を作ったといわれます。信光はその観世座の直系、観世座の大鼓方として、また、父の音阿弥が能作や能楽関連の書き物をしなかったのに対して、能作者として活躍し、実に多くの作品を残しています。今あげた四曲のほかには、草木の精を主人公にした『遊行柳《ゆぎょうやなぎ》』、喜多流にはない三番目物の『吉野《よしの》天人《てんにん》』や『胡蝶《こちょう》』、唐物の『張良《ちょうりょう》』、鬼物の『羅《ら》生門《しょうもん》』、『龍虎《りょうこ》』など、実に多彩です。ちなみに『遊行柳』は最晩年の作品といわれています。

観阿弥から始まった申楽は、世阿弥が幽玄な夢幻能の世界を確立し、能の完成度を高めました。その後は元雅や金春禅竹が観阿弥や世阿弥の意図を継承しますが、信光は、その反動なのか、大衆に気楽に楽しんでもらえる風流能の創作に挑み、人気曲を生み出していきます。現代物が多く、劇的で、観る者をあきさせません。

また、大きな作り物を活用したり、大勢の登場人物を、各役に似合うように配役し、舞台進行を分かりやすくしているのも特徴です。

作り物といえば、『道成寺』の大きな鐘。喜多流で行う狂言方が舞台中央に運び吊り上げるパフォーマンスはそれまでにはないものです。『張良』のシテ・黄石公が乗る一畳台、『紅葉狩』の一畳台に紅葉を刺した山（塚）の作り物、『船弁慶』の船の作り物なども目を引きます。

『張良』［撮影・石田裕］

大勢の登場人物といえば、『安宅』の義経主従十二人、舞台狭しと関守・富樫に迫る姿は壮観です。『紅葉狩』も舞台に立ち並ぶ遊女の姿はあでやかで、また橋掛りに立つ平維茂一行の景色も、威風を感じさせる景色です。それまでは、どちらかというとシテ一人主義といわれるほど、シテを中心とした作り方が多かったことと比べると画期的なことです。

単に登場人物が多いというだけでなく、子方やワキ方、狂言方、囃子方の活躍する場面もつくって、各役者の力量をうまく引き出そうとする、これも今までにない信光の工夫です。子方をうまく配役しているのは『船弁慶』や『安宅』の義経役で、特に『張良』はワキの重い習とされ、ワキが大活躍します。題名の張良はワキの名前で（シテは黄石公）、川に落ちた黄石公の沓を取ろうとする型所は見せ場になっています。一畳台に飛び上がると、直ぐに川に飛び込む心持ちで飛び降り、急流に流されながらも沓を取ろうとする有様を、特有の流れ足と身体の反り返りと回転で演じます。これまでにこれほどワキが活躍する曲があったでしょうか。

また、信光は観世座の大鼓方の役者でもあり、囃子事が達者だったようで、囃子方のパフォーマンスが随所に発揮されています。『道成寺』はその筆頭で、小鼓の乱拍子などは、その面白さが遺憾なく発揮されています。『船弁慶』でもアイ狂言の波頭《なみがしら》（荒れる海を表現する手組）を創案し、音楽的にも新工夫が見られます。

信光が派手でショー的な作品を生み出した背景には、世阿弥や禅竹などの幽玄重視のやや難解な芸風から脱却せざるを得ない周りの状況があったと思います。激しさを増す戦乱の世の中、パトロン頼みだけでは立ち行かなくなり、新しい観客層への芸の提供の必要性があったのでしょう。信光の息子・長俊で戯曲を作る能楽師は途絶えます。以後はそれまで作られた曲目を繰り返し演じる形となり現在に至っています。

乱世にあっても生き延びる能を模索した信光の真摯な挑戦。それがあったからこそ、能という伝統芸能が今も生き残り、信光の作品は現在も多くの能ファンの心をとらえているように思います。危機をどう乗り越えるか、信光の挑戦は示唆に富んでいます。私も現代社会にあって、伝統だけにとらわれず、つねに時代にあった能を模索し、この長く続いた伝統芸能を後世に伝えていかなければならないと、肝に銘じています。

### 無骨な男の覚悟を描く『景清』

四番目物の範疇にあって、男の生き方、男の悲劇をドラマチックに描く能を、二曲紹介しましょう。『景清』と『鬼界島』です。一説に作者はどちらも世阿弥といわれ、平家物語に登場する人物が主人公となっている現在物の能です。

まずは『景清』。悪七兵衛景清と呼ばれる平家の豪将・景清が主人公です。今は日向の国に流され盲目の老人となって、人の憐れみを受けて生きる乞食同然の暮らしをしています。そこへ、娘・人丸（ツレ）が従者（ワキツレ）とともに鎌倉よりはるばる訪ねてきます。

二人が登場し道行を謡うと、舞台中央に置かれた藁屋の中から「松門の謡」といわれる景清の謡が聞えてきます。

「松門、独り閉じて、年月を送り、自ら清光を見ざれば、時の移るをもわきまへず。暗々たる庵室にいたずらに眠り、衣寒暖に与えざれば、膚《はだえ》は髏骨《ぎょうこつ》と衰へたり」

「髏骨と衰へたり」は骸骨のように痩せて衰えているという意味。景清の今の状況を独白する重要な謡で、「松門の謡」は昔から「鎧の節糸が古くなってぶつぶつと切れたように謡え」などと言われ、なかなかの難所です。胸のうちの独白とはいえ、声をひそめるような謡い方では失格です。骨太の芯の強い謡いが求められ、詞章が言霊として、見所のすみずみまで、観客に的確に伝わるものでなければならないと思います。

娘が訪ねてきたことに気づいても知らぬふりをする景清ですが、里の男（ワキ）の計らいで親子対面となります。ワキの呼びかけに、「かしまし、かしまし（やかましい、やかましい）」と怒る景清。故郷の者が尋ねてきたが、このような有様、身を恥じて名乗らずに帰したのだ、今はこの世になきものと思い切って乞食をしている、名も景清を隠して日向としているのだ、ああ、腹立ちやと答えます。それでも人の情けにすがって生きるしかない境涯を嘆く景清は、やがて「短慮を申した」と謝り、複雑な胸の内を覗かせます。娘もはるばる訪ねてきた思いを切々と語り、しばしお互いの心が寄り添います。そして、娘の所望により、屋島の合戦の三保谷との錣《しころ》引きの戦語りとなります。

はじめは冷静に語る景清ですが、次弟に興奮してきて、声を荒げていきます。不自由な足元でありながら、遂には立ち上がり、娘のためにというよりは、もう自然と身体が動いてしまう、そのような興奮状態で語ります。景清がもっとも華やかで脚光を浴びたあのとき、最も自慢したいあの場面です。強く謡う地謡陣の謡い声に押されながら、太刀を振り、錣をとる型が続きます。杖をつかなければ動けない者が、思わず杖なしで動いてしまうほど、その演技には細かく裏打ちされた教えが多々あるのです。

昔語りを終えると、景清は娘にもう帰れと促します。最後の別れの場面、「さらばよ留まる、行くぞとの、ただ一声《ひとこえ》を聞き残す、これぞ親子の形見なる、これぞ親子の形見なる」で終曲します。「さらば」、景清は

「ここに留まるよ」、人丸は「行きますよ」と、お互いに交わした言葉が永遠の形見となるのです。昔はよいときもあった、だが今は流され、盲目の老人、乞食同然の境涯、それを認め、苦しいながらもそこに留まり朽ちていく覚悟です。娘がやってきてもすがろうとせず、きっぱりとした別れ。それは娘のことを思えばこそのことでしょう。気丈な景清の諦念と覚悟が見えます。

景清像の描き方は各流儀でさまざまです。喜多流は武骨魂の消えない、意地っ張りな盲目ぶりを強調します。専用面「景清」には顎髭があるなしの二種類ありますが、喜多流は老武者の往時の面影を偲ばせるため、髭のある面を好んで使います。装束も仰々しく、敢えて白色の大口袴を穿くのが決まりです。流儀によっては、髭のない面を使い、装束も着流し姿で、乞食となった落魄ぶりを強調する場合もあります。

『景清』［撮影・石田裕］

父・菊生は『景清』という曲を好み、数多く勤めました。四十代後半で披き、その後生涯二十八回も勤めています。特に晩年は能というと『景清』で、菊生の十八番でした。私は父の相手でツレ役を九回勤めています。そのため、父から『景清』についてはいろいろ教えられましたが、最後の、人丸を抱いて見送るところ、「さらばよ留まる」と人丸の背中を押す型、あの父が押す手の感触が忘れられません。強い、のですが、タッチは柔らかでした。「背中を押したら、すっと一の松まで行って、振り返って、最後はシオリながら謡に合わせて幕に入れ」が、父の教えです。

喜多流では「盲目」と「老人」というハンディを背負う曲を大事にし、『景清』は若年や未熟者ではなかなか許されない高位の曲です。そのこともありますが、父の十八番で、『景清』というと菊生のイメージが強すぎて、私は父の存命中は演じる気になれずにいました。それでもいつまでも避けて通れないと、父の七回忌追善能「粟谷能の会」(平成二十四年三月)で披きました。今度は自分がシテとして、父のように娘の人丸の背を押すのです。人丸役には、「このように」と父から教わったことを伝えている自分に気づかされました。このようにして伝統芸能は伝承されていくのです。

## 男の悲劇を描く『鬼界島』

『鬼界島』(他流では『俊寛《しゅんかん》』)は僧都・俊寛をシテとし、平家物語の巻三「足摺」から戯曲化された曲です。平家打倒を詮議した鹿ケ谷の陰謀が発覚し、山荘を提供した俊寛と平判官康頼、藤原成経の三人は鬼界島に流されます。

能『鬼界島』はそれから一年後の話です。清盛の娘、建礼門院徳子の安産祈願のために非常の大赦が行われ、鬼界島の流人も赦免されるというワキ(赦免の使い)の名乗りから始まります。ツレ二人(成経、康頼）は鬼界島に三熊野九十九所を勧請して信仰心に余念がありませんが、俊寛は元来の信仰心のなさから全く信仰を捨てたような振る舞いで、この対比が悲劇の結末を暗示する設定です。

それでも、俊寛が「一酒を持って参った」と言えば、このようなところに酒があろうはずがないので、「酒とは?」と聞きかえす成経と康頼。よく見ると水ではないかと驚きます。俊寛は「これは薬の水だから醽酒《れいしゅ》（うまい酒）だぞ」とうそぶき、三人で「彭祖《ほうそ》が七百歳を経しも心を汲み得し深谷の水」（彭祖が七百年の長寿になったのも、深谷の水のおかげ）と謡い、不自由で恵まれない生活ながら、三人で励ましあって流刑地の暮らしを行っている様子が描かれます。

『鬼界島』［撮影・神田佳明］

それを破るのが、赦免状。赦免されるのは成経、康頼の二人で、俊寛の名前がありません。ここからは俊寛のうろたえぶり、落胆、嘆きが存分に描かれます。

「こはいかに、罪も同じ罪、配所も同じ配所、非常も同じ大赦なるに」

一人だけ大赦の網にもれるとは。三人で暮らすだに怖ろしい所なのに、一人残されてはどうしたらよいのか。此の島はもともと鬼界島、鬼ある島、この世の地獄なのだ。しかしどんな鬼だって、これを哀れに思うだろう。そして赦免状の表も裏もよく見ますが「俊寛の文字はさらになし」です。「こは夢か。夢ならば覚めよ」とよろめく俊寛。

そしていよいよ出舟の時です。二人が乗り込むと、俊寛は康頼の袂にすがり、せめて向こうの岸までもと願い、最後はともづなに取り付いて自分も連れて行けと、抵抗しますが、ことごとく打ち捨てられ、ついに声も惜しまず泣き伏してしまいます。舟は岸から離れ遠ざかっていくと、成経、康頼は「やがて帰洛はあるべし、御心強く待ち給へ」と励まし、「頼むぞよ」とすがる俊寛。「舟影も人影も消えて見えずなりにけり、跡消えて見えずなりにけり」で終曲します。

景清は自らの境涯に諦念の境地が見えますが、俊寛はあがき、もがき、都に帰ることに執着する姿をさらけ出します。まさに平家物語の「足摺」という見出しの通り、足摺りする俊寛の姿です。『景清』にしても『鬼界島』にしても、演じるたびに、人間の悲劇を徹底的に描いてきた能という芸能の抜き差しならぬ凄さを感じさせられます。

俊寛についてはその後どうなったか。事後譚は平家物語の「有王」と「僧都死去」にあります。童のころから俊寛に使えた召使・有王が鬼界島を訪ね、ぼろを着てよれよれになっている俊寛を探し出すと、都では幼い娘一人を残し一族がことごとく亡くなった惨状を伝え、娘の手紙を渡します。するとやがて、俊寛は自ら食を断ち念仏して死出の旅に出ます。有王は遺体を荼毘にふし、遺骨をもって都に帰り、出家して主人の後世を弔います。平家物語のこの段の最後は「かように人の思い嘆きのつもりぬる平家の末こそおそろしけれ」と結び、栄華を誇る平家の行く末を暗示する書きぶりです。

俊寛が亡くなった年は「年三十七とぞ聞えし」と平家物語にあります。私は今まで俊寛というともっと年経た人のように感じていましたが、この若さで亡くなったのかと驚きました。能では、なかなか若年では演能が許されないためか、これまで勤めてこられた諸先輩の俊寛像も重なり合って、勝手に老漢と思っていました。実際、能では三十七歳よりは少し老いた感じで扱っています。

『鬼界島』は正式に流儀として演じられるようになったのは明治時代以降と言われます。現在演じられている型付は十四世喜多六平太先生の創案だと思われますが、復曲のころの事情からか、型付等の伝書がなく、流儀本来の決まりが確立していません。それは悲しいことですが、反面演じる自由さがあり、役者自身が試されるやり甲斐のある曲だといえます。父や伯父・新太郎はこの曲が好きでよく演能していたため、私もこの二人がシテでツレをずいぶん勤めました。シテは二回勤めていますが、再演のとき、ともづなを出す演出を試みました。ともづな使用は昔は当たり前でしたが、ここのところ途絶えていたので復活させてみたのです。ともづながあることで、俊寛がともづなに取り付いて、「自分も」とすがった様子が分かりやすく伝わるのではないかと考えました。能は型でがんじがらめのように見えますが、いろいろやりようはあるのです。

## 能と芝居の狭間で

この章で紹介した『隅田川』、『安宅』、『景清』、『鬼界島』のようにドラマチックな現代物は、演者が芝居心をもちながら、能という様式を生かし、能と芝居の境界線ギリギリのところで、いかに感情表現出来るかがカギとなります。

能は一般の現代劇と違って、歌舞を基調として物語を進めます。悲劇のなかにも、遊興的、文化的な香りがする巧みな筋立てや運び。詞章は和歌や漢詩などを取り入れ、詠うような美しい文体。謡には節や拍子がついて、それはまさに音楽です。役者の所作は、例えば泣く様子は「シオリ」といって、指をそろえた手を眉のあたりに持っていく型で表現するように、裏打ちされた型があります。大声を出して泣き叫ぶ場面であってもストレートな感情表現を避け、静かにじんわり伝える手法になっています。舞が入れば、舞で多くの状況や感情を表現します。すべて長年の年月を経て磨き上げられた様式美によって支えられています。

能は歌舞を中心とした基本形が命であることは間違いありません。それがなくては能の能たる芸能ではなくなってしまうのですが、今あげたようにドラマチックな現代物では、ただ能の様式美だけに寄りかかっていては、そこに描かれた主人公の深層を描けないのではないかと思います。演者として大切なことはいつも芝居心と能の様式美の狭間での葛藤そのものだと思っています。

例えば『安宅』の勧進帳の読み上げは、節扱いや拍子当りだけに気を取られていては不充分です。感情が入りすぎるのも、劇のレベルに達しないのも不合格です。かといってあまりに芝居っぽくなって、能らしい表現から外れてもいけません。ワキ・富樫との問答も、台詞のなかに運び、音の高低、張り押さえ、詰め開きをふんだんに入れ、能らしい様式のなかにも、弁慶と富樫の問答の劇的緊張感を味わっていただけるようにならないと合格とは言えないでしょう。

『邯鄲』［撮影・前島写真店］

『鬼界島』は劇的で全く舞踏的な要素をもたない能で、能楽師が能役者としての技量や演劇性が問われる曲です。俊寛の拗ねた態度や一時の歓喜、そして憤怒と無念、絶望へと移り行く場面を、能の世界で許される範囲で踏みとどまり、いかに表現できるか、そこにかかっています。このようなとき、私は能楽師ではなく、能役者でありたいと思います。

## 『邯鄲』『天鼓《てんこ》』『一角仙人《いっかくせんにん》』、唐物の魅力とは？

唐物と呼ばれる、中国の故事などを素材にした能をいくつかご紹介したいと思います。

『邯鄲』については、「邯鄲の夢」とか、「邯鄲の枕」の話を聞いたことがある方も多いことでしょう。中国、蜀の国の盧生という青年（シテ）が仏道を信じながらも、ただ茫然と暮らしている自らの現状を悩み旅に出ます。旅の途中、宿に着くと、女主人（アイ）が、かつて仙人の法を使う人が置いていった「邯鄲の枕」という不思議な枕があり、これで寝ると夢を見て悟りが開けると勧めます。盧生が一畳台の作り物に上がり、邯鄲の枕で眠ると、たちまち夢の世界。そこは宮殿となり、盧生は楚国の王位を譲られ酒宴となります。栄華の絶頂を極め、自らも喜びの舞（楽）を舞います。

かくて時間が過ぎると、目の前に見えていた四季折々の美しい風景や宮殿、延臣はことごとく消え、シテは作り物に向かい勢いよく走りこんで、伏した姿勢を作ります。いわゆる「飛び込み」の型です。そして女主人に起こされ、五十年の夢は覚めます。

夢から覚めた盧生は、すべてが夢かと茫然として、世の無常、どのような栄華も一睡の眠りの夢と同じで空しいことを悟り、枕こそが我が人生の師匠であると感謝し、望みは叶えられたと喜んで帰ります。

『邯鄲』は飛び込みから悟りをひらくまでの最後の場面がクライマックスで、この曲のメッセージが込められた大事なところです。演者は飛び込んだ後、微動だにしないで伏し、起こされた後も、ゆっくりと呼吸を乱さずに起き上がります。それまで軽快な楽を舞っていたのとは対照的な静かな動き。これが演者にとって最も体力と気力を使うところです。「盧生は夢覚めて」から、地謡とのやり取りが始まり、脱力感のある落ち着いた感情からどんどんと盛り上げていきます。悟りを開くまで、謡も徐々に高揚していき、調子、張り、ノリなど細かい謡の技術力が必須です。

『邯鄲』の演出で面白いのは、邯鄲が作り物に入り寝る格好になると同時に、勅使（ワキ）が輿舁《こしか》き二人を連れて登場し、盧生を見つけると、中啓で一畳台をパンパーンと叩き、そこからが夢の世界となり、やがて飛び込みの型で盧生が作り物に戻ると、今度は女主人がワキと同じようにパンパーンと叩いて、夢から覚めるという、現実と夢との場面転換を、同じ動きで異なる人物が表現するというものです。この演出は栄華も一睡の夢というメッセージをわかりやすく見せてくれます。『邯鄲』は過去・現在・未来の三世を凝縮した作品で、若い能楽師がいつかやりたいと憧れ、またベテランと呼ばれるようになっても何度もやりたくなる曲です。

『天鼓』は子供（天鼓少年）を失った親（父・前シテ）の嘆きと、後場の管絃講で天鼓少年の霊（後シテ）が楽を舞う姿が描かれます。天から降ってきた鼓が胎内に宿る夢を見て男の子を授かる夫婦。夢に因んで名前を天鼓と名付けると、天から本物の鼓が落ちてきて、天鼓少年が打つと妙音を発し、人々を感嘆させます。その噂を聞いた帝が鼓を召し上げようとしますが、天鼓少年は従わず、鼓を持ち山中に隠れます。しかし少年は捕えられ河に沈められ、鼓も奪われてしまいます。鼓は内裏に運ばれますが、決して鳴りません。帝は少年の父なら鳴らすことができるだろうと呼び出します。そこに、父の嘆きと恐れが存分に描かれますが、勅命には逆らえず、宮殿に赴きます。命ぜられるままに鼓を打つと、不思議に鼓は美しい音色で鳴り響くではありません

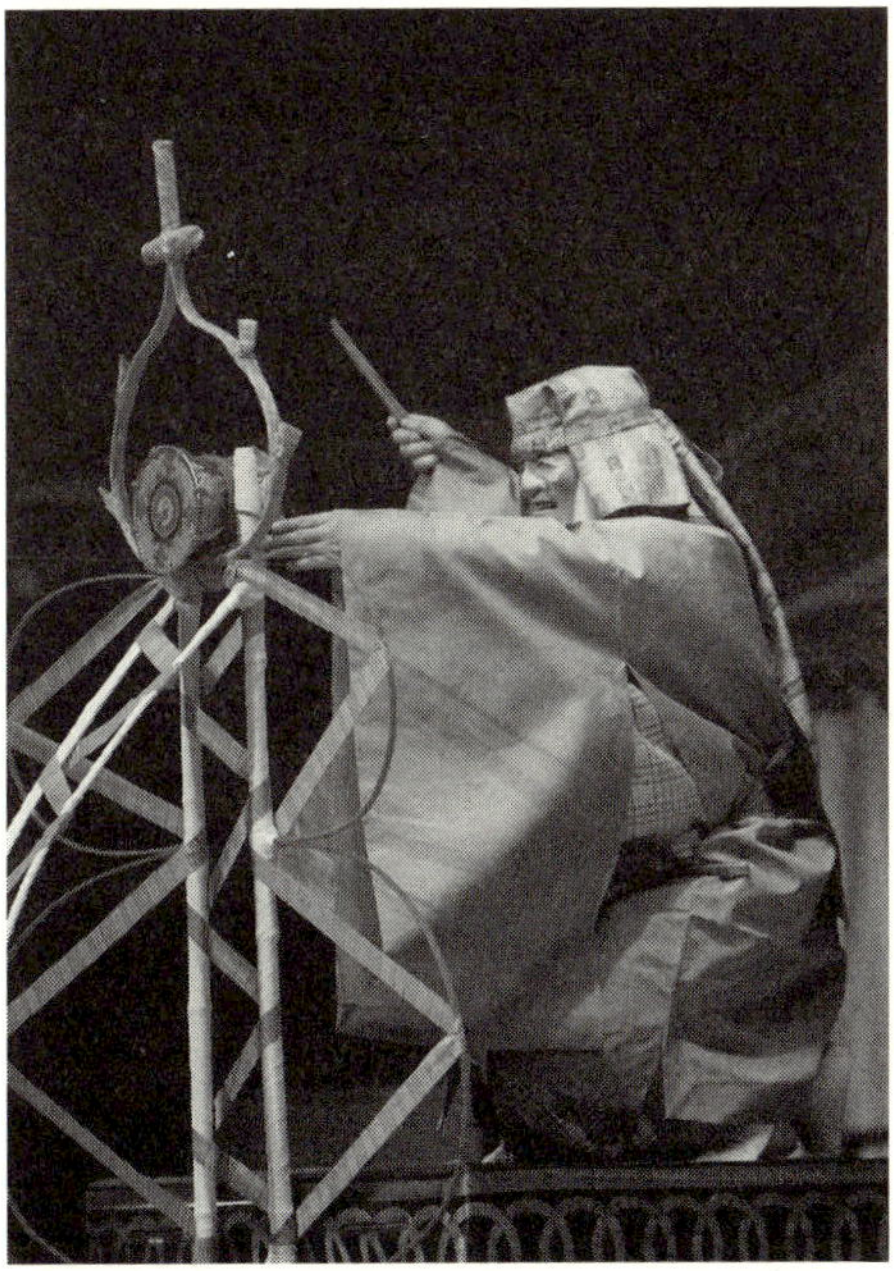
『天鼓』前シテ［撮影・吉越研］

『天鼓』後シテ［撮影・吉越研］

か。帝は親子の恩愛に感涙し、父に宝を与え帰します。そして後場では、帝が天鼓を弔う管絃講を催し、そこに少年の霊が現れ、弔いに感謝し、鼓を打ち楽を舞うという趣向です。まるでおとぎ話のようなつくりです。

能は一般的に嘆き、悲しみ、怨みを描くことが多いのですが、この能は不思議と、老人や天鼓少年に強烈な恨みが見えません。恨み辛みの感情などは控えめにして、皇帝の情けの深さを讃えています。体制側を刺激せず非難しないで、という作り手の芸能者の配慮が感じられます。これは芸能者の立場上仕方のないことなのでしょうが、稽古していて、ただ一点、芸能者としての意地を鼓に肩代わりさせて訴えているのではないだろうか、と思うようになりました。それは、鼓は帝の思い通りに鳴らない、と作ったところです。我が子を殺した張本人に抵抗出来ない老人の憤懣やるかたなさを、唯一、我が子の形見が意地を通そうとするのです。このことが子をなくした父親を演ずる上で腑に落ちるところとなりました。

また、前場は暗い陰なテーマが盛りだくさんの『天鼓』ですが、最後は天鼓少年が天真爛漫に夜遊の舞を見せるところに重点が置かれています。演じていて、もしかすると天真爛漫に舞うことで、やっと老いた父も救われるのでは、と感じました。

『一角仙人』では、人獣交配で生まれた異形の者が主人公・一角仙人（シテ）です。その一角仙人が神通力で龍神を封じ込めたため、数年雨が降らないことから、これを何とかしようと、帝が絶世の美女・旋陀夫人（ツレ）を遣わせ、その魅力で仙人の通力を失わせようとするお話です。

『一角仙人』［撮影・前島写真店］

この曲の最大の見どころは、夫人の魅力的な舞姿に、仙人もいつしか誘い出され、共に舞う、シテとツレの相舞（楽）です。見たこともない美しい女の舞に目を奪われ、しかし、その自分に気づき必死に平静を装い、己を取り戻そうとする仙人の抵抗や揺れを見ていただきたいと思います。しかしそんな柔らかな決意を崩すのは夫人の足拍子です。トントンと踏まれる音と、女の体の動きに完全に魅了され、仙人はもう自分自身を止められず、夫

『一角仙人』［撮影・前島写真店 駒井壮介］

人を追いかけ、舞の真似を始めます。まずは足拍子から、次に見よう見まねで手を動かします。もう止まりません。ついに夫人に触れようと近づきます。もう少しエッチでいけませんが、世の男性ならば、それが自然、そうでしょう、と笑わせるようなところもある仙人なのです。

夫人にすすめられた酒で一角仙人が酔いつぶれてしまうと、岩屋が鳴動し、中から龍神が現われ舞働きとなります。この龍神は二人の子方が勤めます。子方にとっては最初から相舞が終わるまで、ずっと岩屋の作り物に入ってじっと待っていなければならない、辛抱の曲です。このようなストレスがあるからか、子方は岩が割れて岩屋から飛び出すと、それまでの鬱憤を晴らすように、活発に動き回り演じます。その健気なかわいい奮闘ぶりに、観客の目は釘付けになるのは必定。そしてシテの仙人も完敗で、逃げ出してしまい、めでたしめでたしになります。

子方が活躍する能は無条件に楽しめる曲といえます。この曲は登場人物も多く、子方だけでなく、ツレなど、将来活躍してくれるだろう能楽師たちと舞台を共にすることができる作品です。

これら唐物の曲では「楽《がく》」が舞われます。「楽」は中国物に使われる舞のことで、『邯鄲』は盧生が皇帝気分で一畳台で舞う喜びの「楽」、『天鼓』でも少年が弔いに感謝の心で舞う「楽」、『一角仙人』の旋陀夫人と相舞する「楽」。いずれも曲の最大の見どころとなっています。

楽はゆったりと位高く、伸びやかに舞うのが心得です。しかし楽を舞う場所は一畳台が置いてあったり、狭い所で舞うことが多いので、そのゆったりと、どっしりとした風格を演じるのが難しい面が多々あります。たとえば、『邯鄲』は、一畳台の四本の柱に唐団扇や身体が当らないように気を配り過ぎると慎重になり、動きが小さくなってしまうことがあります。そこを狭さと窮屈さを感じさせず、リズムよくゆったりと広く舞って見せるのが技ということになります。

唐物で私が注意しているのは、能全体が中国物だとわかるように、装束や小道具に気を配ることです。現行の喜多流の装束付は、唐物でも、日本を題材にした曲目と同じ格好で演じられることが多く、たとえば『天鼓』の前シテの老人（父）の格好は、日本の神を題材にした脇能の『養老』と同じです。これでは観る側にいくら中国の話であると説明しても想像がしづらいと思います。そこで、常は「尉髪」ですが、最近、私は日本の老人らしさを隠すために「唐帽子」と呼ばれる頭巾をかぶり、白い毛を両側に垂らし老人らしく見せます。また、扇（中啓）のかわりに唐団扇を使うようにもしています。唐の物語を唐の物語だとわかりやすく工夫することは、能役者の普通の仕事であると思っています。

## 危険が伴う型・勢いのある型

危険が伴う型といえば筆頭にあげられるのが『道成寺』の鐘入り。鐘を見込んで烏帽子を払い、左手を上げて鐘の下に入り、足拍子を踏んで勢いよく飛び上がり、その瞬間に鐘が落ちてきます。きれいに消えたように見えるには、シテは作り物に頭を強打するぐらいがちょうどよいと言われています。飛びあがるときは無我夢中、どんな風に鐘の中に入ったか記憶がないとは、演者の声です。

『石橋』の親獅子も子獅子も一畳台の上で所狭しと飛び回るのですから、危険が伴います。とりわけ子獅子は一回転半の飛び回りがあります。激しく動き歯切れよく舞いながらこの一回転半に躊躇を覚えるようになると子獅子はそろそろ卒業で、徐々に親獅子にシフトし、貫禄の舞に挑戦することになります。

『安宅』では「延年之舞」の小書がつくと男舞に特殊な囃子方の手組み「延年の手」が入り、それに合わせて特殊な足踏みをします。各流独自の扱いをしますが、喜多流では特殊な跳ぶ型を加えたものになっています。観世流は三回跳びますが、喜多流は一回だけ、「エイ!」という掛け声と共に高く跳び上り、片手を上げたまま着地します。

『邯鄲』にも、夢から覚めるとき、一畳台めがけて走り込み寝ている格好をして飛び込む、危険な型があります。勢いが過ぎて後方にずれ落ちた人もあるくらいです。

『野守』で小書「居留」になると、最後、塚の前で高く勢いよく飛び安座して奈落に落ちる様を表し、残り留め（『石橋』の留めと同じ型）になると、今度はゆったりとした飛び廻りとなりますが、これも体力の必要な激しい動きの型です。

また、『烏帽子折』のシテ、『正尊』の姉和平次、『夜討曽我』の古尾五郎の斬り組の中で、斬られた表現として「仏倒れ」があります。後ろ向きに真っすぐ倒れるものですが、頭や背中、腰などを強打する危険が伴います。いずれも難しい型どころですが、ご覧になる方にとっては心躍るところになると思います。

## 直面《ひためん》物

通常シテは面をかけて登場しますが、面をつけず、素顔で出るとき、それを面に見立てて直面《ひためん》と呼んでいます。素顔を「面」と見るため、能では一般の芝居のように顔で大袈裟な表情を作ったり、涙を流したりということはしません。あくまでも能の様式のなかの面の扱いなのです。

直面物としては『安宅』の弁慶、『望月』の仇を討つ小沢友房、『盛久』の処刑を免れる盛久、『鉢木』の零落した田舎武者ながら天晴れな忠誠心を見せる佐野源左衛門、思う女の家の前に愛の証の錦木を三年間立て続けついに空しくなる『錦木』の前シテの男、などがあります。

シテは面をつけることでその役に入り、面で助けられることが多いのですが、直面では、自らの生身の顔で役柄になって出なければならないので、風貌、容姿がその役柄に似合うか、弁慶なら貫禄ある役柄を演じきれるか、難しいものがあります。『錦木』のように愛の物語では、背中が丸まり頭髪も薄くなり足取りも不安な高齢者では不似合いですし、逆に容姿が端正な若者でも、男の遂げられぬ恋の思いを謡と舞で表現するには多分力量が足りないでしょう。従って直面物はその曲を演じられる年齢的な幅が狭いのも事実です。いかに直面物を演じきるかは、能役者の年齢ともからむ課題でもあるのです。

# 第五章　鬼

## 能に描かれた鬼という存在

能が五番立てで催されるとき、最後に演じられるのが五番目物。切能とも言われます。鬼や天狗が主人公として登場することが多く、神・男・女・狂・鬼の分類では「鬼」にあたります。

最近鬼といえば、節分のときの鬼、お祭りで登場する鬼ぐらいしか思いつきませんが、能が盛んだった室町時代以前から、伝説のなかで、鬼は自由自在に跋扈していたようです。

伝説の鬼の多くは怪奇・怪異な形相で、兇悪な行動をとり、超人的な力を見せ付ける恐ろしい生き物として描かれますが、切能で描かれる鬼（シテ）は猛将に退治され、猛将は武勲を立て、鬼は悲しい最後を迎えるというものがほとんどです。能を四番見て、少々疲れてきた観客に、動きのある颯爽とした鬼退治物で、スカッと気分も晴れやかに帰っていただこうという、能主催者側の興行的な思惑も働き、「鬼」の能が最後に配されたのでしょう。

鬼退治の曲目には『大江山《おおえやま》』、『紅葉狩』、『土蜘蛛』、『羅生門』などがあり、山伏が鬼人や鬼女を祈り伏せるものに『野守』、『黒塚』、獣が主人公ながら夢幻能の趣がある『鵺』、『殺生石《せっしょうせき》』、鬼を広義に考えて天狗物の『鞍馬天狗』、『是界《ぜかい》』、『車僧《くるまぞう》』、『大会《だいえ》』、管公（菅原道真公）の霊が雷神となる『雷電《らいでん》』と、さまざまな鬼がいます。少しニュアンスは異なりますが、弁慶の祈りで知盛の霊を追い払う『船弁慶』なども切能に含まれます。

私も子供のころは、鬼退治の能は楽しみで、ワキが鬼を退治すると拍手喝采していました。しかし、シテとして退治される側を演じていくうちに、なにか晴れ晴れとしない、心に引っかかるもの、敗れ去る者の悲しさを感じるようになりました。それは退治される側を演じるたびに徐々に大きくなっていったのです。鬼と呼ばれる者が悪さをするのはどうしてなのか、鬼退治の伝説はどうして広く流布していったのだろうか。そんなことに思いを寄せてしまいます。

室町時代、それ以前もそうですが、ときの権力者・統治者たちが領土拡大をはかり、治世をしようとするとき、もともとその地に住んでいた人間や、敵対するものはすべて悪であり、または悪に仕立てられ、遠くへ追いやるべき存在でした。一握りの権力者が繁栄するためには、その下部には多くの住民の苦難や犠牲があったはずです。そして権力者に歯向かう者は遠く鄙の地や山奥へ追いやられ、歯向かえないものは、その地に暮らしながらも苦しい生活にじっと耐えていたのです。

権力者がうまく統治できず都が乱れたとき、それを鬼の仕業とするのは都合がよく、鬼の悪行をあげつらい退治の大義名分にして、反逆者を抑えていく、よくある政治手法です。兇悪な鬼は退治され、拍手喝采となるのでしょう。

それでも人々は、退治されていく鬼にも鬼にならざるを得なかった事情があり、悪者ばかりではなかった、偽りがあるのはむしろ退治する征服者の側であるということを、おぼろげながら感じていたのではないでしょうか。といって、時の権力者や征服者に逆らうことはできません。伝説は敗れ去る鬼を描きながらも、そこに鬼の言い分やささやかな抵抗を込め、もう一つの英雄に仕立てあげたのです。だからこそ伝説は人々に多く受け容れられ、語り継がれたのではないでしょうか。

能楽師の立場も「鬼」に似ています。当時の芸能者として申楽役者も、はじめは身分が低く、鬼たちと同じ階級に属する賤民、時の将軍や豪族の庇護なしには生きられない存在であったと思います。権力者・征服者には決して逆らえない立場です。その人たちが喜び喝采するような舞台を作っていかなければならなかったと推察します。申楽師には退治される鬼を演じなければならない悲しさがあったのではないでしょうか。

そうは言っても、鬼の能は、能の五番立ての最後、活劇的な楽しみがあるのも事実です。楽しく見ていただきながら、少しだけ、こんな鬼の裏側にも思いを馳せていただければと思います。能、特に切能は奥深い真実を活劇的な面白さに包んで描いてきたと感じます。

## 『大江山』の鬼・酒呑童子

『大江山』の主人公（シテ）は酒が好きな酒呑童子で、これが後に大江山の鬼の姿を現し、頼光以下の郎党に退治される話です。

『大江山』前シテ［撮影・石田裕］

酒呑童子は何者かと調べると、いろいろな伝説が浮かび上がってきます。酒呑童子絵巻では、大きい顔をした酒呑童子が酒宴の肴に美女の白い太股を出し、それを頼光らがたじろがずに塩をつけて食べているおどろおどろしい場面や、頼光一行に首を切られる凄惨な場面が描かれています。また御伽草子では丹波の大江山に鬼が棲んでいて、財宝を奪い、都に出てきて美女を奪うと、兇悪・粗暴の鬼として描かれています。

しかし、『大江山』の鬼、とりわけ前場での酒呑童子は決してそのような兇悪な鬼ではありません。「童子」という面をつけ、純粋な子供のような趣です。天台宗の祖・最澄に比叡山を追われ、修験霊地を転々として大江山に棲み付いたという事情をかかえています。

能は、源頼光（ワキ）らが大江山の鬼神（シテ）を退治せよとの勅諚により、大江山に向かうところ

『大江山』後シテ［撮影・石田裕］

から始まります。財宝を奪い、美女をかどわかす恐ろしい鬼ゆえ退治せよとなった設定です。頼光、保昌、以下五十人余りを引きつれ、山伏姿に身を偽っての出で立ち、たいそう仰々しいものです。

山伏らの「一夜の宿を」という申し出に、シテは「我、桓武天皇にお請けを申し、出家の人には手をささじ」というほどの誠実さ。自分は酒呑というくらいで酒を愛する者だから酒をと誘います。「いつの頃よりこの山に？」という問いには、比叡山に居たが、大師坊というえせ者にはかられ、比叡山を出されてしまった、ほうぼうの山を廻り、ここ大江山にやってきたと身の上話をします。そしてすっかり心を許すように酔って、鬼の間に入り眠ってしまいます。

ここまでは、童子は頼光たちに敵意を見せず、無邪気に歓迎している様子が描かれます。身の上話のなかには「霞に紛れ雲に乗り」山々を飛行したなど、特殊な力を持つ者であることが語られますが、「今客僧達に会って、通力を失うばかり」と話し、恐ろしさや鬼畜性よりも、通力を持ちながらも、争いを拒み、どこか弱い、愛らしい姿が見て取れます。中入り前には頼光らに舞を見せてもてなすあたりも能らしいつくりです。

父・菊生は『大江山』というと初同（最初の地謡）の「一児二《いちごに》山王《さんのう》だよ」と言います。「第一に稚児（子供）、第二が山王（比叡山の神）だよ、稚児は神よりも大事にされるべき存在だから童形の私をどうか大事に可愛がってください、と頼むんだ、ここが大事なところ！」と言います。綿々とした訴えかけの言葉が重要で、能としてはここをキーワードとして謡えという教えです。

後場は一転して鬼（後シテ）と頼光一行との壮絶な戦いとなります。鬼が城の扉を開くと、先ほどの酒呑童子の可愛い姿は消え、「たけ二丈ばかりなる鬼神のよそおい」となっています。当初の計画通り、頼光らは鬼神に剣を振るい襲い掛かります。そのときの鬼神の言葉がふるっています。「情けなしとよ、客僧達。偽りあらじと云いつるに、鬼神に横道なきものを」。それに対し、「なんだと。横道ないだと。それは空言だ。人を取り、世の妨げになっているではないか」と一蹴され、攻められと斬りつけられ、遂に首を打ち落とされ、哀れな最後です。

前場の酒呑童子を、永遠の若さを象徴する神仙の化現として、優雅な妖精的な神秘に満ちたものとして登場させたのは、後場の鬼神との対照的な効果をねらうためもあるのでしょうが、そればかりでなく、伝説でおどろおどろしく描かれるばかりの鬼に華を持たせる、能ならではの演出ではないでしょうか。

酒呑童子は時の権力者にとっては悪者でなければならず、退治されるべき存在ですが、『大江山』の酒呑童子を気の良い誠実な鬼として描き、むしろ偽りがあるのは寝込みを襲うなど退治する側にあると、ささやかな抵抗を示しているように見えます。とはいえ、能は頼光らの武勇伝を描き、体制側の勝利にしなければならないのです。それでも観る者はどことなく敗れ去る者に心を寄せ、敗れ去る者が主人公だと感じさせられる、能にはそのような不思議な力をあわせ持っている気がします。

## 『紅葉狩』で妖艶な女に化けた鬼たち

『紅葉狩』ではまず、一畳台の上に塚を載せた作り物が大小前にすえられます。塚には紅葉した枝が刺され、あたり一面紅葉の戸隠山の風情をつくり出します。そこへ、妖艶な上臈・遊女（シテ）が供の女達（シテツレ）を引き連れて登場します。鬼退治物には珍しい、いきなりの華やかな演出です。

女達は秋の美しい景色を謡いながら、にわかに時雨が降ってきたからと、木陰に雨宿りして酒宴を始めます。そこに通りかかるのが鹿狩りにやってきた平維茂の一行です。女たちの身元を下女に尋ねると、ただ「身分の高いお方がお忍びで酒宴をされている」というだけで、名を明かしません。維茂は高貴な方の酒宴ならば邪魔してはいけないと、わざわざ馬から下りて道を変え、通り過ぎようとします。

維茂の心遣いに感心した遊女の一人（前シテ）は袂にすがり引きとめ、酒宴に誘い饗応します。維茂らは遊女たちの濃艶で豊麗な女の魅力にひかれ、薦めに応じて酒を交わし、美女の舞に酔いしれ、不覚にも眠ってしまいます。

このように女性の魔力にあらがえなくなって、正体なく、お金をつぎ込まされるなどということは、今の世の中にも通じ、よくあることのようです。能『紅葉狩』では、女たちが維茂一行を誘惑し饗応する姿

『紅葉狩』前シテ［撮影・牛窓雅之］

が実に巧みに描かれます。演じる側はここの美しさと艶っぽさを意識しなくてはいけません。父にどのように演じたらよいか聞いて返ってきた言葉は「BAR・もみじのママ・カエデちゃんの気分でやれ！」でした。また『『紅葉狩』のシテの艶は、銀座の高級クラブのNO．1のようなお気持ちで』とおっしゃる方もいます。なるほど、こういう言葉のニュアンスが私の演能の心をかき立ててくれます。

しかし、維茂らが眠りにつくと、あたりには不穏な空気が漂い始め、それはシテの舞でも表現されます。優雅にゆったりと舞う序之舞から、途中急にスピードが速くなる急之舞になり、美しい上臈が恐ろしい鬼の形相に変わる心持ちを表現します。『紅葉狩』の急之舞は序之舞からの変化が急で激しいため、余計に後半の舞が速く感じられるように仕組まれ工夫されています。また通常、足拍子は音を立てますが、ここでは維茂の眠りを覚まさないように、音を立てずに腰を屈めることで足拍子を踏んでいることを表します。面はキビキビと強く動かし、異常な精神状態を見せるように舞います。ここが演者の舞の力量が発揮されるところです。

この急之舞は囃すスピードが能の舞の中ではもっとも速いとされていて、喜多流では『道成寺』と、『絵馬』の小書「女体」がついたときの力神の舞、そしてこの『紅葉狩』にしかありません。それで、『道成寺』を披く者はその前に『紅葉狩』で急之舞を経験しておく必要があり、若い能楽師は、師から『紅葉狩』のお許しが出ると『道成寺』につながると、わくわくするものです。

『紅葉狩』後シテ［撮影・牛窓雅之］

そしてシテの大ノリの「堪へず紅葉、青苔の地」の謡込で、鬼の本性を現し、「夢ばし覚まし給うなよ（夢を見て寝ていろよ）」と言い捨てて山中に消えていきます。ここが何とも恐ろしげな、まんまと騙されたなと言わんばかりに、中啓（扇）で維茂をあおぐ招き扇の型をして作り物の中に姿を消し（中入）、後にどんな鬼が出てくるのかと、観客に期待させます。

不覚にも寝てしまった維茂の前に、八《や》幡八《わたはち》幡宮《まんぐう》の末社の神が神剣をもって現われ、鬼退治をするようにと神勅を伝えます。維茂は目を覚まし神剣を持って身支度をして待ち構えます。すると、稲妻が光り、雷鳴が轟き、先ほどの美女が化生の姿となって襲いかかります。後シテは「般若」や「顰《しかみ》」の面をつけ、赤頭に鱗箔、緋の大口袴（顰のときは半切）、手には打ち杖を持って、典型的な鬼の形相となり、激しい格闘の末、維茂は見事鬼の首を斬り退治しめでたしめでたしと終わります。

面は本来「顰」でしたがこの頃は「般若」にすることが多くなりました。本来は男の鬼「顰」ですが、上臈のイメージからこわい鬼畜系を想像するより、女の怒りや恨み、憎しみや悲しみが表現される「般若」が似合っていると思い、私も勤めるときは「般若」にしています。

さて『紅葉狩』に限っては、これまで述べてきた鬼の敗れる者の哀しさといったものがあまり感じられません。戸隠山に籠もれるについては何か事情があったかもしれませんが、それらを感じさせるところがないのです。酒宴を邪魔立てしてはいけないと馬から降りて通り過ぎようとする礼儀正しい維茂一行を、酒と色仕掛けで騙し、眠ったところで悪さをしようという卑怯な悪い鬼で、演じていてもどうも同情がわきません。最近話題の繁華街でのぼったくり事件、甘い言葉で誘い、酒を飲ませて多大な金額を請求する輩は鬼同然で、ニュースでこのような事件を知ると能『紅葉狩』が浮かんできます。能は今の世の中にも充分通用すると感じさせられます。

この能の作者は観世小次郎信光です。第四章で信光の能について述べましたが、『紅葉狩』もエンターテインメントに徹した作品に仕上がっています。登場人物も多く、華やか。ゆえに、あまり深く考えず、無条件に楽しんでいただいたらよいのかもしれません。

## 『殺生石』が描く妖狐・魔性の女・石の魂

『殺生石』の舞台は那須野の原です。置かれている大きな石は、人も鳥類鬼畜も近くに寄るものすべてを殺してしまう殺生石。それは昔、絶世の美女で知恵もある玉藻前のなれの果て。玉藻前は王法を滅ぼそうと鳥羽院の宮中に入り込み、帝を病にさせますが、安倍泰成の占いによって、玉藻の仕業と明かされ、妖狐の正体を現して那須野が原に逃げ去ります。しかし勅命によって三浦介と上総介に射殺されてしまい、死後も執心とどまらず、殺生石となって害を及ぼしているというのです。

この殺生石に込められた魂はいかなるものか。中国、インド、日本をまたぐさまざまな伝説により、魂もさまざまに彩られています。後シテの登場のときに「野干（狐の意）の姿は現れたり」と言われるように、正体は狐ですが、「天竺（インド）にては斑足《はんぞく》太子の塚の神、大唐にては幽王の后、わが朝（日本）にては鳥羽院の玉藻前」と転生してきたことをうかがわせる不思議な姿で、その魂は妖狐であり、魔性の女であり、石という生命体の石魂でもあるというものです。そこには幾重にも重ねられた暗く深くおそろしい闇の世界がうごめいてい

『殺生石』白頭。後シテ［撮影・石田裕］

『殺生石』女体。前シテ［撮影・伊藤英孝］

るように思われます。

この複雑怪奇、国際的ともいえる三国の伝説をうまく組み込み、妖狐の霊の執心を日本の玄翁和尚（ワキ）が法力で収め、「以後、悪事を致す事あるべからず」と約束させる、伝説ならではの奇想天外さで、随所に見どころ聞かせどころがあります。

『殺生石』について私は、近年加わった小書「女体」に注目し、後シテの演出の面白さを感じています。もともと後シテの登場自体が鮮烈です。「石に精あり、水に音あり、風は大虚に渡る」とシテが謡い、地謡が「形を今ぞ現す」と謡うところで、大きな作り物の石が割れ、中から化生の者（妖狐の霊・後シテ）が現れるところは印象に残るものでしょう。

以前、喜多流では、常の型と小書「白頭」の二形式しかありませんでした。後シテは常が赤頭に面は「小飛出」ですが、「白頭」では白頭に面は「野干」となり、着付けは共に法被ですが、袴が赤（紅入）半切から紺系（紅無）半切に、はなやかな赤系から紅無し系の地味な落ち着いた色に変わり、よりどっしりと重量感を持たせ、硬質で大きな力を表現しながら舞うのが心得とされています。

先代十五世喜多実先生の時代、宗家就任記念として、先代二十五世宗家・金剛巌《こんごういわお》氏との間で、喜多流の『富士太鼓』「狂乱の楽」と金剛流の『殺生石』「女体」を互いに共有しあうことで合意し、喜多流に小書「女体」の形式が加わりました。

「女体」になると女姿になり、頭は黒垂れに九尾の狐の冠を戴き、面は「泥眼」、着付けは舞衣、袴は緋長袴になります。金剛流の「女体」は、前場のクセの部分が喜多流の居曲（座ったまま動かない）と違い、舞うことになり、後は女姿ながら活発に動き回る玉藻前（実は妖狐）の有様がよく表現されていて、大変興味深いものです。

『殺生石』女体。後シテ［撮影・伊藤英孝］

「女体」導入初期は、扮装のみ女の姿で、型は従来ある「白頭」の型にとどまる演出でしたが、平成九年に友枝昭世師が前場のクセを居曲から舞事にし、後場も激しく動き回りながらも艶やかな演技に創作して、新形式で演じられました。あの舞台は従来の、殺生石に封じ込められた狐の執心にとどまらず、美しい玉藻前の妖艶な肢体の内に激しく燃える怨念を見る思いがして、地謡を謡いながらも感動しました。この曲に込められている真意を新たに表現する可能性がある、いつか自分も「女体」に取り組みたいと演能意欲が高まりました。

私は平成十二年二月に「花の会」で小書「白頭」を勤め、十四年三月の春の「粟谷能の会」で小書「女体」を勤めました。「花の会」では、「女体」を勤める前に、本来の型として「白頭」を経験し、整理しながら次の段階へとつなげたいと考えてのことでした。「粟谷能の会」では満を持しての「女体」挑戦になりました。全体としては、鮮烈な印象を受けた友枝師の型付を踏襲し、後半、観世流で導入され始めた「カケリ」を入れ、自分なりの創作をと試みました。カケリは修羅道の苦しみや物狂いの心を表す所作で緩急の激しいものです。

「女体」は導入されて以来、金剛流の型付をベースにしながらも、さまざまな手が加えられてきました。友枝師の創作で方法は見え始めていますが、カケリも含め、まだまだ工夫の余地はあり、可能性を秘めています。

## 『黒塚』の鬼女をどう描くか

『黒塚』は私が能の魅力に目覚め、やる気にさせられた曲、能を自分の一生の仕事にしようと決意した、能楽師人生を変えるほどの大切な曲です（詳しくは第一部第二章参照）。

私がこの『黒塚』を演じるときいつも考えることは、前シテの里女をどのように演じればよいかです。「孤独で寂しい無力な女」とするか、「鬼の心を隠し、いつ本性を現すとも知れぬ女」とするか、それによって演出の方法も変わってきます。

『黒塚』前シテ［撮影・石田裕］

『黒塚』は陸奥の安達ヶ原（福島県二本松市、安達太良山の東山麓一帯）に伝わる岩手《いわで》の鬼婆の伝説が基本になっていると言われています。この伝説は、京都の公卿屋敷の乳母・岩手が、姫の病を治すためには妊婦の生肝を飲ませればよいという易者の言葉を信じて、陸奥にこもり、宿を借りようとした若夫婦の妊婦の腹を切り裂いて肝を取り出したところ、その妊婦が実は生き別れとなっていた実の娘だとわかり、狂乱して、鬼と化してしまいます。それ以来、岩手は宿を求める旅人を食らう「安達ヶ原の鬼婆」となったという伝説です。

平安前期の歌人・平兼盛が詠んだ「みちのくの安達が原の黒塚に鬼こもれりときくはまことか」は黒塚の謡にも少し変えて引用されていますが、これは兼盛が源重之に贈った歌で重之の妹たちを「鬼」とふざけて呼んだ歌です。「陸奥の安達原の黒塚に鬼が隠れ住んでいるという噂をきいたが、それ、本当かな」と、かなりユーモラスで明るく、決して鬼のおどろおどろしさを詠み込んだものではないようです。能『黒塚』も岩手が鬼になった生々しい伝説の中身とはほとんど重ならない作りです。敢えて凄惨な伝説に触れなかったことから察し、能『黒塚』の女はおどろおどろしい鬼というよりは、人間の罪障によって鬼にならざるを得なかった女が、その運命から逃れられず、寂しく一人暮らしをしていると見た方がよいように思います。

シテ（里女）は引廻し（作り物を包んでいる幕）が下りると、その姿を静かに現し、「げに侘び人の習い程、悲しきものはよも有らじ」と寂しく謡います。この曲の位をつくる大事な謡い所です。これを謡う女は、人を食わざるを得なかった環境、もうこのようにしか生きられない罪深い境遇に苦しみ、絶望し、静かに死を待っているようでもあり、また、この境遇から救われたい、改心したいと宗教者（僧侶や修験者）を待っているようにも見えます。

そこへ行き暮れた山伏一行がやって来て一夜の宿を求めます。最初は断る里女ですが、ついには願いを聞き入れ家に招き入れます。そして、枠枷輪《わくかせわ》（糸車）を見つけた山伏に里女は糸車をまわしてみせ始めます。糸車は『黒塚』の前場で象徴的に使われています。

次第の「真緒《まそう》の糸（麻糸）を繰り返し、昔を今になさばや（糸車を回しながら華やかだった昔を今に返したいなあ）」や、クセの「唯これ地水火風の仮にしばらくもまつわれて、生死に輪廻し、五道六道に廻ること唯一心の迷いなり」、ロンギからの源氏物語の夕顔の巻を絡めた労働歌謡を謡うあたりは、都で裕福に暮らしていた人が、何か特別な事情で鄙の地に来て一人寂しく暮らしているという情緒を感じさせます。

糸繰りは昔から女性の仕事で、女性の体の月のリズムと蚕の変態のリズムを同一視する説があると聞きます。『黒塚』の女も糸車を回しながら、月ごとに廻る命と、輪廻する永遠の命を紡ぎ、寂しさに耐えているように見えます。そして孤独や悲しさ、罪障によって人は鬼に変わっていくのです。超能力を持った物の怪の姿ではなく、人の心が鬼と化すととらえるとよいでしょう。

やがて夜がふけ寒くなると、シテは薪を取りに山へ行くと言い、閨《ねや》を見てはいけないと念を押して出かけます。見てはいけないと言われると見ずにはいられないのが人情。我慢できなくなった強力（アイ）が閨を覗くと、そこには累々と髑髏が並んでいるではありませんか。ついに鬼女の正体が暴かれ、鬼女は頼みにしていた法力で救われるどころか、逆に退治されるという悲しい結末になります。

禁忌を破る物語は古今東西いろいろあり、物語をドラマチックにしています。ここをきっかけにして、物語は結末に向けて劇的に動いていくのが常です。『黒塚』では禁忌を破る場面をアイ狂言がコミカルに見せてくれ、見どころのひとつです。アイの名演技に、思わず笑いが出るところで、能を見るうえでの楽しみになります。

私が十代の頃、まだ万之丞と名乗っておられた人間国宝の野村萬先生がこのアイをなさって、とても人間的で、しかも滑稽に演じられたことを今でも鮮明に覚えています。「見るなといわれれば見たくなるのが倅のころからの癖」の語り口、閨の内に行こうとして咎められ言い訳をする言葉の文《あや》やタイミング、身体の動かし方が絶品でした。その名演技に、私は地謡の前列にいて、笑いを堪えられず思わず下を向いてしまったほどです。

能ができた室町時代は、飢餓や戦があり、平穏無事の時代ではなく、死者を身近に見ることが多かったようです。山中には屍が放置され、髑髏が風雨にさらされている光景もそう珍しくはなかったかもしれません。最も犯してはいけない、人が人の肉を食らうことがなされていたかもしれない、そういう時代背景のもとで死や人間の生き方をとらえ、『黒塚』という作品が生まれたのではないでしょうか。里女が住む庵を、能では四角い木の枠の塚の作り物で表現しますが、そういう実体のあるものではなく、夢、幻と見る人もいます。安達ヶ原からは、荒涼とした原に累々と続く髑髏の群れ、黒塚からはこんもり盛り土された墓を想像することもできます。その時代の死者を思い、罪障深い人間の生を思うとき、ただすさまじい鬼の話だけではないとらえ方が大事と思えるのです。

私は『黒塚』の鬼女をこのように理解して演じています。戯曲を読み込めば読み込むほど、伝説や時代背景を見つめれば見つめるほど、能の理解や見方が変わってきます。

中入り前の、女が薪を取りに行こうとする場面も、「閨の中をみないように」と念を押しながら、最後、橋掛りでじっくりと山を見上げる型をして、カッカッと大股の足運びで幕の中に入るところがあります。ここで鬼になっているのだ、だから強い「切る足」で運ぶのだとする人もいますが、私はその時点ではまだ鬼になっていないのではないか、強い足づかいは、女が夜半に山に入る、それなりの光景を力を込めて登っていくその風情としてと解釈しています。その時点では、女が鬼になり「さあ、いい獲物が来たぞ」とは思いたくない。夜の山道の危険をかえりみず、ただ山伏たちに暖をとってあげようとする、けなげな思いの表れとしたいのです。従って、橋掛りから幕に入るまでは里女の気持ちで演じています。

女が鬼に変わるのは、アイが掟を破って閨の中を覗いたとき、閨の内が暴かれたとき。シテは楽屋で着替えながら、アイが閨を見て「ぎゃあ、かなしや、かなしや」と叫ぶ声を聞いたときが、「見たな」と鬼へと気持ちを変身させる時です。その時が、後シテの「般若」の面をかける絶好のタイミングと思っています。

いよいよ後シテの登場です。「いかに旅人、止まれとこそ」とすごみ、隠しておいた閨を暴かれた怨みをはらしに来たのだと謡い、「野風山風吹き落ちて、鳴神稲妻天地に満ち、空かき曇る雨の夜に、鬼一口に喰わんとて」と鬼の勇ましさを前面に出し大暴れの有様になります。

『黒塚』後シテ［撮影・石田裕］

後シテの扮装もいろいろありますが、伝書には赤頭で「顰」という鬼の形相をした面をつけ、法被半切の荒々しい装束で、柴を背負って登場と書かれています。これは鬼畜、怪物を前面に出した演出といえるでしょう。他に小書「替装束」では黒頭となり、「白頭」もあります。「白頭」では髪が白くなり面は「般若」となります。般若の方が鬼畜より女の恨みが角に現れ、女の業がより強く表現されます。柴の持ち方も背に負う負柴ではなく手に抱く抱柴です。自分が着ていた着物を柴に巻いて、約束の証として抱いて出てくるのです。これも鬼畜というより、より人間的な、ある種、女のやさしさが出るような演出です。ですから「白頭」の演出では、すさまじい鬼というよりは、鬼にならざるを得なかった人間を描くのに適しています。

しかし山伏の「祈り」に祈り伏せられて、勇ましかった鬼女もたちまちに弱り果てて足元もよろよろになってしまいます。「祈り」という型、動きは『葵上』、『道成寺』、『黒塚』の三曲が有名です。『葵上』はねちっこく、『道成寺』は激しく、『黒塚』は強くと教えられてきましたが、共通するのは、祈り伏せられるのは女ということです。強く激しくと動き、型ばかりが先走り、相手が女だとはとても思えない若者の祈りの演じ方を見るにつけ、自分もかつてはこうであったなと反省します。打ち杖でワキを払う型はワキを打擲するのではなく、「数珠の音が嫌だからやめて！」と払うのが本意です。今は、祈りには、もがき苦しみ時には襲い掛かる女の怒りの姿が見えないと本物ではないと思い演じています。

そしてやがて「あさましや、恥ずかしの我が姿やと云う声は猶物凄まじく……、夜嵐の音に立ち紛れ失せにけり」で終曲します。この「あさましや、恥ずかしや」に黒塚の女の気持ちが籠められている、万感胸に迫るものを感じてしまいます。

## 『鵺』に託した世阿弥の思い

『鵺』は世阿弥の晩年の作と言われています。『井筒』など美しい幽玄の世界を極め、鬼の能というよりは幽玄な男や女の能に重きを置いたかに見えた世阿弥が、なぜここで、大和申楽本来の鬼の能を手がけたのでしょうか。

鵺とはいったい何なのでしょう。詞章には「頭は猿、尾は蛇、足手は虎」と描かれる異様な姿の生き物です。トラツグミという実在の鳥の異称ですが、鳴く声がおぞましく不吉なことから、このような化生のものとして造形されたようです。能『鵺』では、毎夜、紫《し》宸殿《しんでん》の上に現れ、宮廷のものをおびやかし、遂に帝を病にしたことから、源頼政に退治される存在です。しかし私は、以前『大江山』を演じたときと同じことをこの『鵺』でも感じてしまいます。『大江山』の鬼神が、進攻する中央政権勢力から理不尽に追い出された、土着の反体制の神々や人々の魂だと感じたように、鵺の正体も、同じような過去を持つ者で、仏法王法の障りとなるべく悪心外道の変化の姿となったと考えられないでしょうか。

『鵺』は、三熊野詣の僧（ワキ）の名乗り・道行の後、里人（アイ）に一夜の宿を求めるところから始まります。里の禁制により宿は断られ、近くにあるお堂を薦められますが、そのお堂には怪物が現れるという不吉な話。それでもワキは平然としてお堂に向かいます。

すると、前シテ（舟人：鵺の霊）の登場です。

「悲しきかなや身は籠鳥、心を知れば盲亀の浮木、……浮き沈む涙の波の空舟《うつおぶね》（丸木舟）」という前シテの一声と、地謡の「こがれて堪えぬ古を」が大事な謡で、ここにすべての思いが込められているように思います。「悲しきかなや身は籠鳥」はまさに、空舟に閉じ込められた鵺の悲しい境遇を、あたかも籠の鳥のようだと謡い、そして華やかだった古にこがれるのです。前シテは自分は近衛の院の時に源三位頼政の矢先にかかり、命を失った鵺の亡魂だと名乗り、僧の求めに応じて、その時の有様を物語り、空舟に乗ると

『鵺』前シテ［撮影・吉越研］

夜の闇の中に消えていきます。

　それで中入りとなりますが、そこに鵺の凄みを見せる型があります。地謡の「いくへに聞くは鵺の声、恐ろしや凄まじや」のところ、常座にて振り返りながらズカッと面を切り、棹を胸に引き付け最後に棹を捨てて幕に入ります。鵺の叫び声を聞かす心持ちで凄みの利く型で、『鵺』に限る特殊な型です。空舟に乗せられて闇の世界に帰って行く鵺が、今一度僧に弔いを願う気持ちが込められています。また闇の世界に流される抵抗と未練の気持ちとして棹で舟を止めようとする所作で、家の伝書にも「止める心」と記されています。先代観世銕之亟先生が「『鵺』の中入りは喜多流みたいに演りたいねー」と仰ったように、独特の型なので、注意してご覧いただきたいところです。

　後場は、読経する僧の前に、恐ろしい姿の鵺が現れ、回向を喜び、自分が討たれた時の有様を再現して見せ、遥かな闇の中に消えていきます。

　『鵺』には、前場にも後場にも鵺退治の仕方話が繰り返し登場します。前場は空舟に乗った鵺の亡霊が、頼政に扮して鵺を射殺した場面を見せ、自らがその姿を見るような描き方で、見せ場になっています。後場は鵺自身として登場し、御殿を飛び覆い帝を悩ます鵺を演じ、頼政の放った一矢を境に演者は頼政と変わり、両者の明暗を演じ分けます。この一連の型はこの曲の難所で最大の見せ場となります。私は、前場は抑制した力の表現、後半は僧の読経によって、それが開放されていく力の表現とはっきり区分けされていると思います。鵺と頼政を入り乱れ演じ、討つ側と討たれる側、この全く正反対のベクトルを持つ両者を演じていくうちに、いつしか両者は演者の中で重なり合っていきます。そしてもう一方で二役を演じている演者自身の存在に気づかされるのです。その三者の繋がりは、演じる者でしか味わえぬもう一つの『鵺』の面白みです。

『鵺』後シテ［撮影・吉越研］

このような描き方をするのは、『鵺』という曲が頼政と鵺という勝者と敗者を合わせ鏡のように描いた作品だからなのでしょう。先代観世銕之亟先生は「頼政自体が鵺のように生きてきた、そこが面白い」と言われます。どういうことなのでしょう。

頼政は保元の乱では後白河側につき、名だたる源氏の武士が去っていく中、源義朝と共に生き残ります。その後、源義朝と平清盛が争う平治の乱では、頼政は源氏でありながら清盛側につき生き延びます。保元・平治の乱の間、さしたる武勲も立てずに、うまく身をかわし、一族を守ってきた頼政です。そんな頼政の一面を見ることができるのが、平家物語の鵺退治の段です。頼政は鵺退治で実は二本の矢を用意していました。一本は鵺を退治するため、もう一本は仕損じたときに、鵺退治に頼政を推薦した左大臣の首をねらうためです。戦で指名されるならいざしらず、得体の知れない化け物退治に推挙されたことを頼政は不本意に思っていました。勅命のため断ることも出来ず、また仕損じれば恥辱と不名誉の烙印を押される嫌な任務です。鵺退治によって、頼政が名を上げ、鵺は空舟に押し込められ流されたと両者の明暗をはっきり見せる能『鵺』ですが、裏側まで見れば、加害者でありながら被害者でもあった頼政像が渾然一体となっているように見えます。その後の頼政の生涯を見てもそれは表裏一体、勝者に見える頼政も、人生においては、思うように行かない鬱屈を抱えた敗者でもあったのです。平家物語の鵺の段でも最後は「よしなく謀反を起こして」(以仁王に謀反を勧めた橋合戦)滅びてしまったと締めくくられています。頼政自身が鵺のように反逆者として葬られる運命だったわけです。

世阿弥が晩年にこの『鵺』を創作したのは、中央勢力から押し出された世阿弥の鬱屈があったからではないでしょうか。佐渡に流された無念の思い、鵺という化生のものと頼政という人間を対比しながら、自分自身を描いたのかもしれません。『鵺』は五番目物ですが、後の時代の『紅葉狩』や『船弁慶』などとは趣が違います。それらの派手な動きや場面展開の妙味、能を享楽的に面白くしようとするものとは異なり、世阿弥は幽玄の流れを引きずりながら、鬼の能を再考したのではないでしょうか。そしてその作りは格段の上手さです。サシ、クセ、ロンギなどの構成は、『井筒』などと似て、他の五番目物には見当たりません。『鵺』は単に、頼政に退治された鵺の仕方話をテンポよく身体を動かしていれば良いのではなく、老成した世阿弥の深い思いを汲み取って演じなければならないと思います。そうでなければ、鵺、いや世阿弥が泣くでしょう。

この能の最後は「暗きより暗き道にぞ入りにける、遥かに照らせ山の端の月」と和泉式部の歌を引いて、海月に照らされ、海月と共に消えていく姿を詩情豊かに美しく描写しています。和泉式部の歌をこの鬼の能の最後の場面に引くみごとさ、大胆さ。美しい情景の中に流される鵺、いやそれは頼政であり、世阿弥自身の姿だったのではないかと世阿弥の思いの深さを感じてしまいます。

## 殺生を業とする者を描く『鵜飼《うかい》』

人間が生きていくためには、他の動物の命を奪わねばならぬという悲しい業があります。地球上のあらゆる生き物は他の生き物を殺し食べて生きるのであり、人間もまた例外ではありません。もし、漁師や猟師の殺生が罪というならば、それは人間の背負った宿命的な罪というべきで、これはどうしようもないこと、道義的には許されないとしても、理屈だけでは割り切れない不条理ということになるのでしょう。

能は生き物を殺生して生きてきた者に焦点を当て、人間の悲しい業に向き合い、その闇と光を描き出します。能らしいテーマであり、能ならではの描き方をして、何百年もの能の歴史とともに観客を惹き付けてきました。

この殺生を生業とする者を描く曲としては『阿漕《あこぎ》』、『烏頭《うとう》』（他流では『善知鳥《うとう》』とも）、『鵜飼』があり、

『鵜飼』前シテ［撮影・石田裕］

この三曲を三卑賤と呼んでいます。テーマは似ていますが、描き方に違いがあり、『鵜飼』だけは五番目物に分類され、『阿漕』、『鳥頭』は四番目物に分類されています。ここでは五番目物の『鵜飼』を中心に他の二曲も合わせて見ていきたいと思います。

『鵜飼』の前シテは鵜使（霊）で、殺生禁断の川で鵜を使った罪により死罪となった者です。本来なら地獄に落ちるべきところ、生前、僧に一夜の宿を貸したことがあったことから救われ仏所（極楽）に送られます。終曲は「僧会を供養ずるならば、その結縁に引かれつつ、仏果菩提に到るべし。げに往来の利益《りやく》こそ、他を助くべき力なれ」です。往来の利益とは僧の廻国行脚の修行によって人々にもたらす利益のことで、それこそが人々を助ける力になるということです。そして修行僧に一夜の宿を貸すことは、僧を助ける善行で、それを機縁に極楽成仏できると、最後は法華経讃美となっています。

『鵜飼』が特殊なのは、後場で、ワキが供養しているところに現れるのが、鵜使の霊ではなく、閻魔大王（後シテ）ということ、後シテが前シテとは全く別人格となることです。閻魔大王は地獄に住み、地獄にやってきた人間の生前の善悪を審判し、地獄に落とすか、極楽に送るかを決める役目を負っている、地獄の鬼、冥土の鬼です。ここでは鵜使に対して、一僧に一宿を貸した功力により極楽に送ると判断し、さらには舞を披露します。後シテの舞は大きくどっしりが決まりで、鬼の凄さを見せます。後場は法華経讃美に終始しますが、前場で登場するワキの僧は「安房の清澄より出でたる僧」との設定で、日蓮上人を思わせる作り方で、後場とのつながりをもたせています。後場で鬼が描かれることから、『鵜飼』は五番目物、鬼の能に入れられているのでしょうが、殺生の罪を持つ人間を描くにしては大らかな描き方です。榎並左衛門五郎のものに世阿弥が改作した作品のようですが、古作の能の雰囲気が感じられます。

『鵜飼』後シテ［撮影・石田裕］

前場には「鵜ノ段」といわれる仕舞どころ、見どころがあります。シテには殺生の罪を背負う者として懺悔する気持ちもありますが、一方で、一生の生業にしてきたものであり、鵜飼の仕事は楽しいものでもあったのです。ワキの「鵜を使うところを見せてほしい」という所望に、鵜を使う有様を見せるのが「鵜ノ段」です。鵜籠から取り出した荒鵜どもを「川波にばっと放せば面白の有様や、面白の有様や」、「底にも見ゆる篝火に驚く魚を追ひ廻し、かづき上げ、掬ひ上げ、ひまなく魚を食ふ時は罪も報いも後の世も忘れ果てて面白や」と、鵜飼のはずむ心がイキイキと再現されます。とはいえ演者にとっては、右手に松明、左手に中啓を持ち、鵜の動きや鵜使いの動きを一人で見せる難しい型所ではあります。

しかしやがて、「篝火の燃えても影の暗くなるは、思ひ出でたり、月になり行く悲しさよ」「闇路に迷ふ此の身の名残惜しさを如何にせん」とはずむ心は暗く沈んでいきます。

『鵜飼』はこの「闇」と「月」という二つの言葉がキーポイントのように感じます。闇という迷い多き衆生の世界と真如の月といわれる明るく正しい世界。闇を松明で照らし、漁の面白さに取り付かれたように舞う「鵜ノ段」の終わりに、月の光で篝火が利かなくなり漁の妨げになると、月を嫌う鵜使の心が現れます。そして、鵜使は嘆きながら闇の世界に帰って行くのです。昔は、型の動きや決まりごとばかりに気を取られていた自分、この曲の面白さを教えてくれたのが「闇」と「月」、この対比される言葉を追うことで、『鵜飼』が描く世界の謎解きが一つできたような気がしました。

『鵜飼』には禁断の川で鵜を使った罪で罧《ふしづけ》（簀巻きにして水の中に沈められる刑）にされる酷さ、一人の鵜使を捕まえて見せしめにしようとするなど、悲惨、残酷な話も含まれているのですが、最後に鵜使は極楽に行き、光が見えるのに対して、『阿漕』も『烏頭』も最後まで光のない救われない描き方です。

『阿漕』は前場に「伊勢の海、阿漕が浦に曳く網も、度重なれば顕れにけり」という歌を引いて、ワキが「阿漕が浦はこのような歌に詠まれた名所でしょ」と問うと、シテがこれは古今和歌六帖の歌で「逢ふことも、阿漕が浦に曳く網も、度重ならば顕れやせん（西行にまつわり、忍ぶ妻との逢瀬も度重なると人に知られることになるよと歌われた伝説）」と歌われた歌だと応じて、密漁も度重なると知られるところとなるという話につなげます。西行の伝説を枕にもってくるあたりは、「能には歌や古典を上手に取り入れて作劇せよ」との世阿弥の言葉を思い起こさせます。『阿漕』の作者は一説に世阿弥とされているように、そのような香りのする作り方です。しかし、阿漕の度重なる密漁は発覚し、捕えられ海に沈められてしまいます。後場はワキの旅僧が弔っているところに、阿漕の霊（後シテ）が登場し密漁の有様、地獄の責め苦を見せますが、最後は救われることなく、「助け給へや旅人」と言いながら波の底に消えていきます。

余談ですが、今でも「阿漕だな」などと、何度も繰り返しあくどいことをされたときなどに使うことがありますが、この能の「阿漕」から来ているということです。

『烏頭』は陸奥・外の浜でうとう鳥（ウミスズメ科の海鳥）を獲る猟師の話です。『阿漕』同様、地獄の責め苦を負い最後まで救われません。終曲は「助けてたべや御僧と云ふかと思へば失せにけり」です。救われないのは、とりわけ狩猟の方法が悪いのではないかと感じます。うとうという鳥には、親鳥が「うとう」と呼びかけると子は「やすかた」と答える習性があることから、これを利用して、猟師は「うとう」と呼びかけ雛を捕まえ、親鳥も捕獲しようとします。親鳥は子供が捕まる様子を見て、空から血の涙を流して泣き叫ぶという悲惨さ。能『烏頭』は雛鳥の命を絶つ罪の深さを、人間と鳥類の親子の情にからめて描いたところに主張があります。うとう鳥の親子の別離は猟師の霊にも降りかかります。ひと目妻子に会いたいと外の浜までやってくる猟師ですが、子供の髪を撫でようとしても、「横障の雲の隔てか」阻まれて触れることができません。まさに因果応報、罪深さを鮮烈に描き出しています。この救済なき罪にもがく猟師の心境、そこをどう表現するかが演者の力であり、見どころです。

私は平成十五年七月に「外ヶ浜薪能」で『烏頭』を勤めました。外ヶ浜は『烏頭』の舞台となる地。また版画家の棟方志功《むなかたしこう》氏の出身地でもあり、氏は能『善知鳥』を題材にした版画巻を残しています。氏の生誕百年祭に、実行委員の方々がこの能を選曲し、私を招いてくださいました。意義ある舞台を勤めさせていただきありがたく、思い出に残っています。そして、このような重いテーマが能になり、版画という芸術にもなることの凄さを感じています。

## 段物について

曲の一部、謡いどころ、仕舞どころを構成する小段を特別な名称をつけて段物と呼んでいます。そこだけ取り出し、独吟や仕舞、一調などで演じられることもあり、一般に節付も華やかで、曲の内容を象徴するような趣きがあります。ほとんど、ドラマチックな物狂物（四番目物）や切能（五番目物）に採用されています。

たとえば、この章で取り上げた『鵜飼』の「鵜ノ段」は、殺生の業を描きながら鵜を使う漁の面白さに取り付かれたように舞う姿を描きます。また『海人』の「玉ノ段」は、子供のために珠を取りに海中深く潜り、乳の下をかき切って珠を隠し、息も絶え絶えに海上に浮かび上がる、まさに母の死闘を描き迫力があります。『百万』にはなんと「車ノ段」と「笹ノ段」と二つの段物があり、物狂物としての圧倒的な力が感じられます。『鉢木』の「薪ノ段」はあたり一面の雪景色のなか、旅僧のために暖をとろうと、秘蔵の鉢木を切り焚き火をする姿を描きます。この忠義が後の報奨への伏線となる大事なところです。

ほかにも、『葵上』の「枕ノ段」、『芦刈』の「笠ノ段」、『小督』の「駒ノ段」、『国栖』の「鮎ノ段」、『三井寺』の「鐘ノ段」、『桜川』の「網ノ段」などがあり、それぞれが聞かせどころ、見どころになっています。

## 前シテと後シテが別人格

前シテは後シテの化身であることが多く、能一曲で、主人公は同じ人物であることが多いのですが、なかに前シテと後シテが全く別人格になる能があります

まず、真っ先に思い浮かぶのが『船弁慶』でしょう。前シテは静御前で後シテは平知盛の怨霊です。この何の関係もない異性の両者を、一人のシテが演じ分けるという大胆なことをしてしまうのが能なのです。

『船弁慶』前シテ［撮影・青木信二］

「前と後と役柄が違うのによくできますね」という質問を受けることがありますが、そのとき私はこう答えています。『船弁慶』ならまずクセの仕舞、次に前場の舞囃子の稽古をし、それができると長刀の持ち方から始まり後場の仕舞、舞囃子と進んでいきます。面

『船弁慶』後シテ［撮影・青木信二］

白いのはここで一段落し、能の稽古となるまでに時間があることです。そしていざ能の稽古となると、これら稽古したものを繋ぎ合わせ、補充してできあがります。つまり部分部分の修練から成り立っているため、抵抗がないのです」と。もちろん気持ちを切り替え、それぞれが引き立つように演じることや、全体を通しての演出や工夫は必要ですが、観る側が思うほど苦にはならないのです。

『天鼓』でも前シテは天鼓という息子を失った老いた父親の役で、後シテはその天鼓少年の霊となりますが、この設定もあまり気になりません。同種のものとして、『藤戸』も前シテは息子を殺されて嘆く母親の役で、後シテはその息子の霊です。変わったものでは『鵜飼』、前シテは鵜使いをする漁師ですが、後シテはあろうことか、罪を裁く閻魔大王の役です。このような奇想天外なことも平気でやってしまうのが能の面白さでそこにこだわらずに見てほしいです。

## 曲名に色がつく能

喜多流には、従来の曲名に色名を付けて演出を変えることがあります。たとえば、白を付ける『白是界』、『白田村』、『白翁』、青を付ける『青野守』があります。『是界』には小書「白頭」もありますが、『白是界』になると位はより重くなり面は、「大癋見《おおべしみ》」から悪尉系となり装束は白一色に変わります。『田村』にも小書「祝言之翔」がありますが、『白田村』では面が「天神」になり装束の色が白でまとめられ謡と囃子に緩急が加わり、より神聖さを際立たせた演出になります。『白翁』も装束一式が白色になり、揚幕まで白色に替えることにより清らかで穢《けが》れのない演出になります。

小書をつけて演出を変える手法をとらずに、敢えて曲名の頭に色を入れるところに、喜多流独自な姿勢があるように思われます。

『野守』の伝書に「野守の後は萌黄法被、萌黄半切にて致す事在り、是を俗に青鬼などと言う人あれどもさにあらず。野守は春の能なり、尤も切（キリ）には地獄の所作あれども、まったく地獄の鬼にてはなし。春日野の陽精、また春神の心なり……」とあり、これを基に二〇〇五年、大阪で高林白牛口二氏が二百年ぶりに『青野守』として再興されました。私も翌年の粟谷能の会で、伝書に従い、装束を萌黄色でまとめ青い野守を勤め楽しむことができました。

『白田村』後シテ［撮影・石田裕］

# おわりに――一生はただ夢の如し

文字に書き残すことは、すべて自分のため。人の顔色や反応などは意識せず、自分がどう演ったのか、どう考えたのかを書き記す、それを最優先したいと拙い文章を残して二十年が経ちました。

「粟谷能の会」の機関誌「阿吽」を立ち上げ、演能に対してどう思いどう対応したかを、演能レポートと称して書き続けてきました。最近は、ブログやフェイスブックなどにも写真を添えて投稿しています。すべては後の己に役立つだろうと思ってのことですが、心の片隅に能という演劇の世界をご存じない方に、またよくご存知の方にも、私が体験し考えたことを伝えたい、という心も正直湧いてきました。

読み返すと、幼稚な表現でずいぶんと偉そうに書いていて、お叱りを受けるかもしれないと反省もしています。周りから「書くことをやめたら」とご注意も受けて来ましたが、いや自分のためと、言い聞かせ書き続けて来たことは紛れもない事実です。

能について文章や写真で残すことは出来ますが、能そのものの舞台は残念ながら人の眼と心にしか残せません。録画技術の発達により綺麗な映像で残せたとしても、どうでしょう、少しの嘘が入ってしまうのではないでしょうか。能は残るようで残らない、やはり父の口癖「能は花火みたいなもの、ぱっと綺麗に見えたら、もうオシマイ」なのだとつくづく思います。だからこそ、能楽堂に足を運んで、能を観、目に焼き付けていただきたい、能という芸能の一期一会を楽しんでほしいと願います。一方で、舞台に立っている人間の思いや心の内は、このように書き残したものでなければわからないのではないでしょうか。

この本は、私の思ったこと、舞台で体験したこと、そして演じ終えて周りの方々との会話をも含め、演じ手側の感覚で書いています。的を射ず、もっと整理しなければいけない部分もあるかもしれませんが、そこは、一喜多流シテ方能楽師・粟谷明生のわがまま感想文と、ご理解いただきたく、お願いする次第です。

「人は二度死ぬ」といいます。最初は息を引き取るとき、二度目は忘れ去られるとき。この本で能役者として父から教えてもらったこともたくさん書き入れました。亡き父・粟谷菊生に二度目の死を迎えさせないという思いも込めています。本書が能という芸能に親しむ一助になれば幸いです。

「一生はただ夢の如し」、能『歌占』のシテ謡にある一文ですが、今これが身にしみます。初舞台からあっという間の五十七年。還暦節目に、自伝もどきを上梓することは書き残す作業を積み重ねていく上での希望でした。しかし、これが終わりではない、老女物など課題は山積み、まだまだ途上なのだと肝に銘じています。

最後に、ぺりかん社の廣嶋武人様のご理解により上梓出来たこと、編集に田辺真知子さんのご協力があったこと、ここに心よりお礼を申し上げます。

平成二十七年十一月吉日

喜多流・能楽師　粟谷　明生

**著者略歴**

粟谷 明生（あわや あきお）
シテ方喜多流能楽師。昭和30年（1955）、粟谷菊生の長男として東京に生まれる。父及び、喜多実、友枝昭世に師事。昭和34年『鞍馬天狗』花見にて初舞台、昭和38年『猩々』初シテ。昭和61年『道成寺』、以後『石橋』ツレ、『翁』『望月』『安宅』『隅田川』等披く。重要無形文化財総合指定保持者、能楽協会会員。

装訂……臼井 新太郎

夢《ゆめ》のひとしずく 能《のう》への思《おも》い

2015年12月31日　初版第1刷発行



著　者　粟谷 明生

発行者　廣嶋 武人

発行所　株式会社 ぺりかん社
〒113-0033　東京都文京区本郷1-28-36
TEL 03（3814）8515
URL http://www.perikansha.co.jp/

印刷　モリモト印刷＋Ｓ企画
製本　モリモト印刷

Printed in Japan

ISBN　978-4-8315-1430-1